KB093019

유머화술,
남을 웃기는
사람이
무조건 뜬다

유머화술, 남을 웃기는 사람이 무조건 뜬다

초판 1쇄 ¦ 2014년 5월 1일

지은이 ¦ 박성재
펴낸이 ¦ 유동범
펴낸곳 ¦ 도서출판 토파즈

출판등록 ¦ 2006년 6월 26일 제313-2006-000137호
주 소 ¦ 경기도 고양시 덕양구 행신동 746-7번지 써니빌 102호
전 화 ¦ 02-323-8105
팩 스 ¦ 02-323-8109
이메일 ¦ topazbook@hanmail.net

ⓒ 2014 토파즈

ISBN 978-89-92512-43-5 (03320)

유머화술, 남을 웃기는 사람이 무조건 뜬다

실전 유머 화술
나도 유머형 인간이 될 수 있다

박성재 지음

토파즈

눈치 있게만 말해도 절반은 성공!

유머화술이 뛰어난 사람은 대인관계가 활발할 뿐만 아니라 주변 사람들이 호감을 갖고 가까이하고 싶어한다. 반면에 자기 말만 직설적으로 내뱉고 상대방의 말에 귀기울이지 않는 사람은 조직사회에서 외톨이가 될 수밖에 없다. 그런데 유머화술은 영어 단어를 외우듯이 최신 유머 시리즈와 누구나 포복철도하는 유머를 줄줄이 머릿속에 꿰차기만 하면 습득되는 것이 아니다.

유머화술에서 무엇보다도 중요한 것은 전후좌우를 재빨리 살펴 상대방의 마음을 읽는 '눈치'다. 상황 판단만 제대로 이루어지면 어떤 유머를 활용해야 딱 맞아떨어질지를 판단할 수 있다. 물론 노련한 유머리스트라면 별다른 준비 없이도 한눈에 상대방의 성향까지 파악해내어 짧은 시간 안에 자신이 목표한 바를 달성한다.

실제로, '눈치' 없는 사람은 어딜 가나 고달프다. 끼어선 안 되는 자리에 불쑥 나타나고, 괜한 말대꾸로 매를 벌고, 똑같은 잘못을 계속 되풀이하고, 무작정 앞장서다가 낭패만 본다. 요즘 시대에 이런 사람이 성공하기란 하늘의 별 따기보다 힘들다.

유머화술은 성공이라는 결승점을 향해 준비자세를 취하고 있는 이들에게 절반의 성공과 자신감 백퍼센트를 충전해주는 동시에, 뒤엉킨 대인관계의 매듭을 너무나 간단하게 풀어주는 소통의 지름길이다. 하지만 유머화술에는 어떤 공식처럼 항상 일정하게 적용되는 법칙이 없으므로, 이전과 똑같은 결과가 나오기를 바라서는 안 된다. 세상에 그런 마법이 어디 있을까! 인생에는 한순간도 똑같은 순간이 없다. 어제 만났던 사람을 오늘 만나도 때와 장소가 다르고 서로의 기분이 다르다. 그렇기에 다양한 사람들을 위해 다채로운 변주곡을 준비해둬야 한다.

그리고 유머화술에서 또 한 가지 중요한 사항은 실험정신으로 똘똘 뭉쳐 있는, '거침없는 실천'이다.

사람들 앞에서 무심코 내뱉은 한마디 때문에 갑자기 분위기가 썰렁해지더라도, 웃자고 가볍게 한 이야기에 상대방이 얼굴을 찌푸리더라도, 비장의 카드로 내민 유머가 통하지 않더라도 실망하거나 좌절하지 마라. 이제 겨우 시작일 뿐이다. 너무 수

준 높은 유머라서 상대방이 이해하지 못하는 것이라고 위안 삼고 잊어버려라. 그 때문에 위축되면 점점 더 사람 만나기가 두려워진다.

그리고 한 사람에게 똑같은 대화법을 써먹지 마라. 효과가 없을 뿐더러 망신당할 가능성이 높고 자기 스스로 한계를 드러내는 결과를 낳는다. 유머정신이 무엇인가. 남들이 근처에도 가지 못할 만큼 엉뚱하고 기발한 소재를 찾아내고, 창의적인 아이디어를 내세워 그 쓰임새를 개발해나가는 것이 아닌가.

누가 봐도 식상한 유머화술은 생명력이 다했으므로 이제 그만 폐기처분해도 좋다. 그 대신 자신만의 유머화술을 몸에 익히겠다는 결연한 의지를 갖고 다양한 상식과 경험을 축적해나가야 한다. 그렇다고 서두르지는 마라. 이 책에 수록된 유머화술을 하룻밤 사이에 다 읽었다고 내일부터 갑자기 화술의 달인으로 변신하는 일은 벌어지지 않을 것이므로!

● 차 례

속부터 든든히!

똑같이 행인에게 구걸하여 연명하는 처지에 유난히 도도하게
구는 거지가 있었다.

한번은 누군가가 그 거지한테 충고를 해줬다.

"당신, 아무리 봐도 너무 건방지게 굴어. 보아하니 그럴 처지도
못 되는 것 같은데 말야?"

거지가 말했다.

"글쎄요. 제가 건방지게 굴지 않으면, 사람들은 아마 제가 거지
인 줄 알 걸요?"

남들 앞에 서기만 하면 괜히 주눅드는 사람은 한 번쯤 이렇게
생각할 것이다.

'혹시 나한테 유머감각이 전혀 없는 건 아닐까?'

한번 우쭐댈 생각에 미리 알아둔 유머를 말해봐도 반응이 시원찮다. 잘나가는 개그맨 흉내나 성대 모사를 해봐도 영 통하지 않는다. 그런 식으로 몇 번 시도하다가 실패하면 스스로도 참 재미없는 인간이라고 자조하게 되고, 그러면 그럴수록 더욱 그렇다. 영락없는 촌닭이 돼버리는 것이다.

자신이 이런 열등감에 젖어 있다고 생각되면 무엇보다 먼저 배부터 든든히 채워야 한다. 우선 배가 불러야 뭘 해도 할 수 있다.

유머의 기본은 여유다. 사고방식과 표현방식에서 정신적인 여유가 있어야 한다. 그러려면 포만감이 최우선이다.

'부자는 사소한 이익을 두고 다투지 않는다'는 말이 있다.

자기 감정에 엷은 화장을 하고 말과 행동을 비틀거나 과장해 상대방의 반향을 이끌어내려면 우선 여유가 있고 자신감이 넘쳐야 한다. 배가 고픈 상황에서 배짱이 생길 리 없지 않겠는가.

'배가 고파서는 싸울 수가 없다'는 속담도 있다. 배가 고프면 왠지 짜증나고 대수롭지 않은 일에도 화를 내기 쉽다. '공복이면 하품과 오한이 나고 오줌도 나온다', '금강산도 식후경'이라는 옛말 역시 배가 고파서는 아무것도 할 수 없다는 사실을 말해준다.

속이 두둑하면 기분도 좋아진다. 그리고 그런 기분에 익숙해

아~ 배가 부르니까
기분도 좋아지는군.
까짓것 한 번 더 해보지 뭐.
밥이 되든 죽이 되든!

지면 매사에 여유가 있다.

직장 상사에게 들볶이고, 경쟁자에게 휘둘리고, 라이벌 업체에게 밀리더라도 '흥, 두고보라지!' 하고 대수롭지 않게 넘겨버릴 수 있어야 한다. 쪼잔하게 마음에 담아둬서는 절대 안 된다. 자장면 한 그릇으로 점심을 때웠더라도 이쑤시개 물고 트림하는 기분, 이것이 유머의 기본자세다.

유머형 인간이 되려면 '뱃가죽이 팽팽해지면 눈꺼풀이 무거워진다'는 말의 의미를 정확히 이해해야 한다. 이것은 배가 부르면 식곤증이 찾아온다는 말이 아니다. '눈꺼풀이 무거워진다'는 것은 웬만한 일로는 눈 하나 깜빡하지 않는 거물다운 기품을 지닌다는 뜻이다.

씨름판의 격언 중에 이런 말이 있다.

'밥은 큼직큼직하게 먹고, 씨름은 작은 몸짓으로 하라.'

씨름판에서 상대방의 품안으로 뛰어들자면 몸을 작게 움츠려야 한다. 그러나 밥을 먹을 때는 절대 깨작거려서는 안 된다. 라면 한 그릇을 먹더라도 황제의 만찬에 초대받은 것처럼 의젓해야 한다.

유머는 호기심이다

영업팀장이 아침 조회시간에 팀원들을 불러놓고 말했다.

"자, 다들 분발하자고! 오늘부터 매일 아침 7시 30분에 여기에 모였다가 정확히 8시 종소리를 신호 삼아 일제히 매장으로 나간다."

그러자 이때 한 팀원이 손을 들고 물었다.

"저, 8시 종이 막 울리기 시작할 땐가요, 아니면 끝날 땐가요?"

유머감각이 떨어진다고 스스로 인정하는 사람들의 가장 큰 공통점은 '호기심' 부족이다. 그런 사람들 중 대부분이 소심하거나 고지식한 경우가 많다.

물론 소심하고 고지식한 성격이 결코 나쁜 것만은 아니다. 성격이 소심하면 남들보다 꼼꼼하고 성실할 것이고, 고지식하면

호기심이 많은 사람은 다른 사람들이 평범하게 지나치는 대상에서 창의적인 아이디어를 이끌어낸다. 그것은 또한 긍정적인 사고방식과 탁월한 유머감각을 일깨워줌으로써 **유머리스트가 되는 길**을 열어준다.

매사에 부정이나 어긋남이 없을 것이다. 그러나 그들의 내면에는 성실함과 합리적인 사고에 대해 반역을 꿈꾸는 불성실과 비합리적인 사고가 도사리고 있다. 술집 마담들이 흔히 말하잖는가. 여러 사람들 앞에서는 고지식한 샌님처럼 얌전떠는 손님이 은밀한 장소에서는 더 지저분하고 변태처럼 군다고.

'유머란 무엇인가?'에 대해 굳이 정의할 필요는 없다. 잘해봐야 장님 코끼리 만지는 격일 테니까. '유머란 존재하지 않는다. 단지 유머리스트가 존재할 뿐이다'라는 말이 있다. 유머란 이런 것이다, 라는 정의 대신 호기심이라는 것이 있을 뿐이다.

호기심의 사전적 의미는 '새롭고 신기한 것을 좋아하거나 모르는 것을 알고 싶어하는 마음'이다. 그런데 이 호기심을 유발하는 대상에 대한 반응은 사람마다 제각각이다. 심도 있는 재치를 발휘하는 사람이 있는가 하면, 거칠고 경박스런 익살에 머무는 사람도 있다.

심도 있는 재치란 인간의 생활이나 심적 동요, 무의식과 깊이

관련되어 있다. 거칠고 경박한 익살이란 쇼 프로그램 진행자의 시시껄렁한 재담이나, 자신 또는 동료의 신체를 쥐어박고 학대하는 슬랩스틱 코미디(slapstick comedy)를 말한다.

웃음은 우리 주위 도처에 널려 있다. 개가 하품을 하고, 소가 방귀를 뀌고, 젖먹이가 얼굴을 찡그려도 웃음이 나온다. 그런데 여기서 중요한 점은 소나 개, 젖먹이가 유머리스트가 아니라 그런 대상에 호기심을 갖는 우리가 유머리스트라는 것이다.

호기심의 주체는 엄연히 우리 자신이다. 시종일관 제 이마를 때리며 법석을 떨어대는 '자기학대형' 개그를 보면서 웃을 수 있는 것도 우리 마음속에 유머감각이 깃들어 있기 때문이다.

호기심을 유발하는 기술

A 확실히 발굽이 갈라진 동물이 빨라. 사슴이나 코뿔소, 영양을 보면 알 수 있지.

B 말은 발굽이 갈라지지 않았어도 잘 달리잖아?

A 그건 발굽이 갈라지지 않았기 때문에 그 정도일 거야. 발굽까지 갈라졌으면 아마 인간이 올라타기도 힘들 걸?

B 하지만 소는 발굽이 갈라졌어도 느려터지잖아?

A 바로 그거야! 만약 소의 발굽이 갈라지지 않았다면 지렛대를 써도 안 움직였을 거야!

유머의 결론은 반드시 있게 마련이다. 전개 중인 유머의 결정적인 펀치라인에는 몇 가지 공식이 있지만, 그것을 정의라고 보

'설마 저 사람이 요렇게는
생각하지 못하겠지?'
아무도 예상치 못하는 나만의 필살기!!

기엔 힘들다. 확실히 복선이 없는 유머는 없고, 극적인 반전이
나 의외성이 없는 결말은 재미가 없으니까.

그렇다면 남의 호기심을 유발하는 기술은 어떤 것일까?

남을 웃겨야 한다는 부담감을 갖게 되는 것은 '어떻게 하면 남
을 웃게 만들까?' 하는 것을 알지 못하는 데서 비롯된다. 하지만
이것도 엄밀히 말해 하나의 기술로서 꼭 그렇게 힘든 것만은 아
니다. 어떤 사물이나 상황에 대해 호기심을 갖고 매일 꾸준히 연
마해나간다면 그 다음에는 순서와 표현방법만 문제가 될 것이다.

여기서 복선과 말의 절약에 대해 살펴보자.

한 아이가 아버지에게 물었다.

"아빠, 신사라는 게 뭐야?"

"응, 신사라는 건 말이지…… 여자의 생일은 기억하고 있으
면서 나이는 잊어버릴 수 있는 사람을 말하는 거야."

이 말은 여자가 나이를 신경 쓴다는 것, 남자가 여자의 나이
를 묻는 것은 실례가 된다는 복선을 깔고 있다.

"자네, 어제 새벽부터 낚시가방을 메고 나가던데, 어땠나?"

"정말로 운이 좋았어. 글쎄 내가 집을 비운 사이에 빚쟁이가
셋이나 찾아왔다지 뭔가!"

빚쟁이로부터 해방되고 싶다는 것이 말의 요점이다.

유머는 결말부터 거꾸로 생각해서 맨 앞으로 와 말을 절약하
는 것이다. 결말에 의외성을 주는 순서만 만들면 된다.

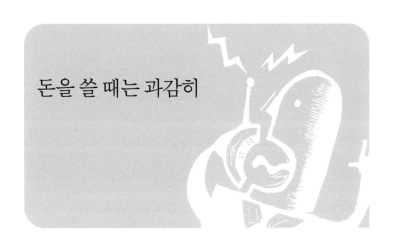

돈을 쓸 때는 과감히

두 친구가 시내에서 커다란 레스토랑을 운영했다. K는 주방, B
는 홀을 맡아 열심히 노력했지만 장사가 되지 않아서 얼마 후 문
을 닫아야 했다.

몇 년 후 B는 어느 지방에 갔다가 허름한 중국집에서 자장면을
먹게 되었다. 그런데, 전에 동업하던 K가 그 식당 주방에서 일
하고 있는 게 아닌가!

"아니, 정말 놀라운 걸! 자네가 이런 촌구석에서 일을 하다니?"

그러자 K는 태연히 대꾸했다.

"하지만 난 자네처럼 이런 데서 먹지는 않네."

퇴근길에 동료가 '한잔 어때?' 하고 물어오는 경우가 있다.

과단성 있는 사람은 당장의 손실에 개의치 않는다. 내일이면 자신을 따르는 사람이 늘어날 것이라는 사실을 알기 때문에! 하지만 매사에 자신에게 돌아올 득실에 따라 행동하는 사람은 날이 갈수록 외톨이가 될 것이다.

이때 주머니사정 때문에 망설이는 친구를 보면 그렇게 답답하고 궁상맞을 수가 없다. 더욱이 배짱이라곤 전혀 없는 말투로 이런저런 변명까지 늘어놓으면 사정을 이해해주기는커녕 심술궂은 오기가 생기기도 한다.

한마디로, 유머는 '놀이'다. 이 말을 모르는 사람은 '유흥비가 곧 유머다'라는 말도 이해하기 힘들다. 돈이 없어도 있는 척, 빚이 있어도 없는 척해야 한다. 부자가 부자다워 보이는 것도 재미없지만, 가난뱅이가 가난뱅이로 보이는 것은 더욱 재미없다.

물론 술과 도박 따위의 유흥으로 인생을 낭비하고 탕진하라는 말이 아니다. 아무 생각 없이 흥청망청 망가지는 것도 어리석지만, 적당한 스트레스 해소와 유흥을 외면한 채 짠돌이처럼 구는 것도 궁상맞은 인생임에 틀림없다.

근검절약은 확실히 인간의 근본 덕성이다. 그러나 우리는 수도자처럼 고행하기 위해 태어난 것이 아니다. 아무리 경기가 나

쓰고 주머니사정이 안 좋아도 쓸 때는 과감히 쓸 줄 알아야 한다. 건강을 위해 금연하는 것이 당연시되는 추세지만, 담뱃값을 아낀다고 평생 금연을 실천한 사람이 남들보다 먼저 집을 장만했다는 통계는 어디에도 없다.

지갑 속에 가지고 있는 돈이 써도 좋고 안 써도 좋은 돈이라면, 까짓것 미련 없이 한잔 술값으로 날려버릴 수 있어야 한다. 동료가 '한잔할까?' 하고 유혹하기 전에 자기가 먼저 '오늘은 내가 쏜다!' 하고 과감히 리드하라. 어울려야 할 때 어울리지도 못하는 쫀쫀한 인간으로부터 탈출하라.

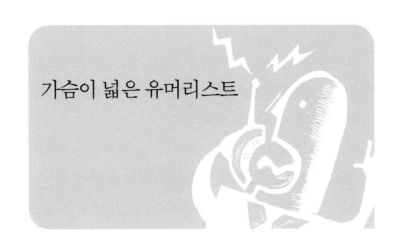

가슴이 넓은 유머리스트

영화를 보다가 갑자기 볼일이 급했던 한 남자가 잠시 영화관을

빠져나갔다가, 다시 어두컴컴한 장내로 들어왔다.

남자가 같은 줄 끝에 앉아 있는 남자에게 물었다.

"조금 전에 저한테 발을 밟히신 분이 당신인가요?"

"그렇소만?"

"그럼 이 줄이 맞군. 구두라도 닦아드릴까 해서……."

만원버스나 출퇴근시간의 전철보다 유머를 터득하기 좋은

장소도 없다. 이런 곳에서는 반드시 '저런 못된 놈!' 소리가 나

오게 마련이니까.

남들은 제대로 서 있지도 못한 채 이리 밀리고 저리 치이는데

다리를 꼬고 앉아 구두를 내밀고 있는 사람, 옆의 짐을 무릎에 얹으면 한 사람은 앉을 수 있을 텐데 태연히 두 자리를 차지하고 있는 철면피, 신문을 읽느라고 팔꿈치로 남의 가슴을 쿡쿡 찌르는 녀석, 며칠 동안 안 감은 머리카락을 남의 코앞에 문질러대는 인간, 젖은 우산으로 남의 바지를 적시는 녀석, 차가 멈출 때마다 엎치락뒤치락하는 인간, 지저분한 작업복 차림으로 올라탄 녀석……. 유머로 인내심을 발휘하지 않고는 금방이라도 전쟁터로 돌변할 가능성이 농후한 상태다.

잘 달리던 버스가 급정거하는 바람에 서 있던 사람들이 왈칵하고 앞쪽으로 쏠렸다. 그때 갑작스레 들려오는 날카로운 외침!

"이 멍청한 놈아!"

누군가 발이라도 밟힌 걸까? 사람들의 눈과 귀가 일순간 소리나는 쪽으로 향하는데, 뒤이어 들려오는 말소리.

"멍청이 가운데서 이렇게 잘생긴 사람 보셨어요?"

그 한마디에 짜증을 내던 사람도, 무슨 일인가 싶어서 쳐다보던 사람들도 일제히 웃음보를 터뜨리고 말았다. 유머감각이 넘치는 사과란 바로 이런 것이다.

또 하나. 하얀 와이셔츠 차림의 남자가 버스 안에 서 있는데, 급정거와 함께 옆에 서 있던 여자가 넘어져서 남자의 가슴께에 그녀의 립스틱이 묻었다. 여자가 당황해하며 거듭 사과하자 남자가 말했다.

스트레스에 시달리다가도 기발하고 엉뚱한 한마디에 기분이 상쾌해지곤 한다. 그리고 유머는 무겁고 침울하고 짜증스런 분위기를 한순간에 뒤바꿔주는 마술을 부린다.

"다음 번에 차가 설 때는 제 입술에다 묻혀주지 않겠습니까?"

이처럼 유머리스트는 가슴이 넓어야 한다. 인내심을 발휘할 줄 아는 사람이야말로 진정한 유머리스트 자격이 있다.

고난도 기꺼이 즐긴다

자재창고를 돌아보던 부장이 유독 한 손으로만 짐을 운반하고 있는 친구가 눈에 띄어, 가까이 다가가 물었다.

"다들 양손으로 짐을 나르는데, 자넨 왜 한 손으로 그러고 있나?"

그 친구가 대꾸했다.

"그야, 저 친구들이 뻔뻔하고 게으른 거죠. 내가 두 번 나르려고 하는 걸 한번에 끝내려고 저러니 말입니다."

살아가면서 요행을 바라지 않고 성실히 땀흘리는 것이야말로 진정 건강한 삶이다. 젊어 고생은 사서라도 한다고 했다. 젊은 날의 체험과 경험이 가져다주는 지혜를 자기 것으로 만들 줄 안다면, 그는 영원히 젊은 청춘이다.

정신없이 바쁘고 스트레스 가득한 하루를 어떻게?

난 타잔처럼 이 무한경쟁의 정글 속을 자유롭게 누빈다.
아아아~~!

마오쩌둥은 '큰일을 하려면 젊고 가난하고 무명이어야 한다'고 말했다. 좌절 없는 청춘은 불행하다. 또 한두 번의 좌절로 주저앉는다면, 그건 세상을 다 산 늙은이만도 못하다.

루쉰도 이렇게 말했다.

"젊을 때는 불만이 있더라도 비관해서는 안 된다. 언제나 맞서 싸울 수 있어야 하고, 또 스스로 자존심을 지킬 수 있어야 한다."

'삶의 고락은 종이 한 장 차이요, 고락은 인생의 동반자'라는 속담도 있고, '걱정 많은 사람은 비듬도 많다'는 말도 있다. 비듬은 당신도 성가셔할 것이다.

즐거움과 괴로움에 집착하지 않는 마음, 그것이 바로 유머다.

> 모든 것은 젊었을 때 구해야 한다. 젊음은 그 자체가 하나의 빛이다. 빛이 흐려지기 전에 열심히 구해야 한다. 젊은 시절에 열심히 찾고 구한 사람은 늙어서 풍성하다.　　　　　　　　　　　　　　　　　　　　　－괴테

유머, 재고의 철학

초등학교 국어시간. 한 여선생님이 비유법에 대해 설명하고 있었다.

여선생님 예를 들면, '우리 반 선생님은 김태희처럼 예쁘다'가 바로 비유법이에요.

학생 선생님, 제가 알기론 그건 과장법인데요.

'일직선으로 나아가지 말라'는 것은 곧장 지름길을 선택하는 것이 나쁘다는 말이 아니다. 분명히 그럴 필요가 있는 경우가 있다. 다만 여기서는 장님 매질하듯 무턱대고 외곬으로 몰아가는 것의 위험성을 상기하자는 것이다. 유머란 어떻게 보면 '잠깐, 기다려!' 하고 제동을 거는 재고의 철학이다.

상대방한테서 '멍청이' 소리를 들었다고, 곧바로 '이 자식, 너 뭐야?' 하고 되받는 것은 유머가 아니다. 발상과 표현에 여유가 넘쳐흘러야 한다. 화가 머리끝까지 치밀 때도 미소를 지을 줄 알고, 입이 찢어지도록 즐거울 때도 떫은 표정을 지어 보일 수 있는 마음의 여유만 지니고 있다면 당신의 유머는 이미 절반 이상 성공한 것이다.

유머는 또 진심이 아니면서도 화를 내고 웃는 것이다. 이것은 생각보다 쉬워서 단 몇 초뿐인 인내로도 가능하다.

코미디의 황제 고(故) 이주일처럼, 한때의 인기를 밑천 삼아 정치에 입문했다가 본업으로 돌아온 코미디언들은 한결같이 말한다. 정치판이야말로 코미디요, 그런 난장판도 없다고.

세상의 온갖 이치 역시 마찬가지다. 꼬치꼬치 따지는 일이 얼마나 머리 아프고 고리타분한지는 당신도 이미 숱한 일상을 통해 경험했을 것이다. 그리고 이치가 통하지 않는 세상의 온갖 흥미진진한 현상에 대해서도 알게 되었을 것이다. 그런 것들에 대해 호기심의 촉수를 드리우고, 하나하나 깨뜨리고 뒤집어 조롱하는 것이야말로 진정한 유머다.

그냥 내버려둔다

아내 여보, 큰일났어요. 아기가 성냥을 몽땅 삼켜버렸어요!

남편 그럼 라이터를 쓰지 뭐.

젊은이들은 사물을 고정적으로 생각하지 않는다. 어떤 강요나 간섭, 매너리즘에 빠지기를 거부한다. 빠른 템포의 음악을 즐기고 끊임없이 모험을 추구하는 것이 젊은이들의 가장 큰 특징이라고 할 수 있다.

이에 비해 직장인들의 일상은 어떤가?

매일 똑같은 일을 반복하다가 대리, 계장, 과장…… 잘되면 부장, 정년퇴직이라는 빤한 궤도를 따라 살아야 하는, 여간 따분한 인생이 아니다.

회사 업무를 처리하는 데는, 때론 되는 대로 내맡겨두는 대담성이 필요하다. 하지만 이것은 그때그때 필요한 일을 무책임하게 방관해도 좋다는 말이 아니다. 사람에게는 운이라는 것이 있어서 아무리 노력해도 안 되는 경우가 있다. 그러다가도 한번 풀리기 시작하면 만사가 술술 풀린다. 그야말로 인간사 '새옹지마'요, '호사다마'인 것이다.

남녀간의 연애도 마찬가지다. 되는 대로 내버려두면 오히려 더 잘되는 경우가 많다. 무리해서 깊은 사이가 되고, 섣불리 결혼하고 나서 후회하기보다는 쿨하고 프리한 것이 훨씬 낫다.

틀에 박힌 고정관념에 사로잡혀 있는 사람은 새로운 모션을 취할 수 없다. 그러나 되는 대로 내버려둘 각오를 하고 있는 사람은 다르다. 평소 자신의 능력을 최대한 발휘하고 있으면서도 '여기가 내 무덤이다'라는 식으로 생각하지 않는다. 그래서 그 일말고도 또 다른 세계를 엿볼 여유가 있다. 변화에 대처할 준비가 되어 있는 것이다.

발상의 전환

한 여기자가, 여자는 무조건 남자의 뒤를 따라다녀야 했던 쿠웨
이트를 걸프전 이후 다시 취재하게 되었다.

그런데 이번에는 남자들이 여자들의 뒤를 졸졸 따라다니고 있
는 게 아닌가!

기자가 한 현지인 여자에게 물어보았다.

"전쟁 이후 여성의 지위에 큰 변화가 생긴 것 같아 보기 좋군요.
그런데 대체 저 잘난 남자들을 뒤로 물러서게 만든 게 무엇이죠?"

쿠웨이트 여자가 덤덤히 대답했다.

"지뢰."

일상의 통념이나 기존 가치관을 무너뜨릴 만한 소스와 아이

디어는 어느 날 불쑥 찾아온다. 그렇게 느닷없이 떠오르는 생각이 가장 절묘하며, 보관해야 할 가치가 있는 것이다. 그러기 위해서는 평소에 메모하는 습관을 갖는 것이 좋다.

뛰어난 유머와 아이디어는 가만히 앉아서 쉬고 있는 사람에게 찾아오는 것이 아니라, 언제나 살아 움직인다. 그래서 자기 일에 매진하고, 동료들과 어울리고, 어떤 일의 난관에 봉착해서 해결하려고 몸부림칠 때 펄펄 살아 뛰는 유머가 나오고 창의적인 아이디어가 출현하는 것이다.

유머가 되기 위해서는 'A는 A다', 'B는 B다'라는 사고방식에서 벗어나야 한다.

생각을 바꾸면 세상이 달라져 보인다.
그리고 지금보다 훨씬 더 드넓은 세상으로 나를 도약시킬 수 있다.

다음은 어느 말단 샐러리맨이 메모지에 낙서 삼아 끼적거린 것이다.

사업 아이템

나에게는 꿈이 하나 있다.

그것은 여태껏 애써 모은 적금을 깨고, 부족한 금액은 대출을 받아 누구나 머물 수 있는 술집을 하나 차리는 것이다.

술집 이름은 '사무실' 혹은 '회의실'이라고 짓고, 큼직한 간판도 달 것이다.

그러면 회사 업무에 시달리는 불쌍한 샐러리맨들이나 삶에 힘들어하는 수많은 우리 가장들이 굳이 거짓말을 하지 않고도 편안하게 술을 마시지 않을까 생각하기 때문이다.

지금 어디에 있느냐며 집에 빨리 들어오라고 닦달하는 전화를 받고도 거짓말을 할 필요가 없기 때문이다.

'응, 나 지금 사무실이야!', '응, 나 지금 회의실이야!' 하고 말이다.

그리고 술집 재떨이에는 전무, 사장, 정치인이란 딱지를 붙여놓을 생각이다.

그러면 누구든지 '여기 전무 좀 갈아줘!', '여기 사장 좀 치워줘!', '여기 이 정치꾼 좀 갖다버려!'라고 말할 수 있지 않겠는가!

서툴러도 괜찮다

여자 이봐요, 아저씨! 나랑 연애 한번 안 할래요? 아주 잘해줄
게요.

남자 아무리 잘해도 내 단골 여자만큼은 안 될 걸!

여자 어머! 그 여자는 어떻게 하는데요?

남자 만날 때마다 내게 5만 원씩 주곤 하지.

잘 노는 사람은 매사에 쉽게 집착하는 법이 없다. 금전이나
외모 따위로 자만에 빠지지도 않고, 허풍을 떨며 거만하게 굴지
도 않는다. 술집에서는 손님답게 대범하며, 목소리도 거칠지
않다. 그리고 여자들을 함부로 다루는 언행을 일삼지 않는다.

그런데 같은 손님이면서 '나는 왠지 서툴러서 여자한테 무시

당할지도 몰라' 하고 사서 걱정하는 남자가 있다. 이런 남자도 조금만 익숙해지면 금세 돌변한다.

"몸을 그렇게 무리하게 굴리지 말라고. 뭐니뭐니해도 몸이 재산 아니야?"

"집어치우고 싶으면 언제든지 나한테 말해. 알았지? 뒷일은 내가 다 알아서 봐줄 테니까."

이런 식으로 여자를 어르는, 농담인지 진심인지 모호한 꽤 능란한 화법을 터득하게 된다.

"오늘 저녁은 꽤 바빠 보이는군. 난 혼자 있어도 괜찮아. 저쪽 테이블 손님도 아까부터 너만 쳐다보고 있는데?"

"오늘밤엔 바래다주지 못하겠는걸? 이걸로 택시라도 타고 가."

"내일은 청담동 패션쇼나 보러 갈까?"

은근슬쩍 엉덩이를 만지는 데도 요령이 있다. 또한 그녀의 몸에 손을 대지 않고도 지나가면서 어깨로 건드려 뜻을 전달하는 달인(!)도 있다.

술집 여자들이 제일 싫어하는 타입은 노골적으로 무례한 짓을 일삼는 손님이고, 그 다음은 무뚝뚝하고 음흉한 손님이다. 술자리에서는 쾌활하게 떠들며 노는 것이 오히려 덜 부담스럽다. 그리고 이럴 때 써먹어야 효과를 제대로 발휘하는 것이 섹시유머다. 술집 여자들도 그런 것을 상당히 즐긴다는 사실을 알아둘 필요가 있다.

즉시 되받아친다

부장이 최근 들어 잔업을 밥먹듯이 하는 직원을 위로하며 물었다.

부장 어제도 늦게까지 붙잡아서 미안하군. 집에서 부인이 불평

하지 않던가?

직원 아닙니다. 다만 오늘 아침에 집사람이 오늘도 늦냐고 묻더

군요.

부장 그래서?

직원 아마 그럴 거라고 했죠.

부장 그랬더니?

직원 집사람이 그러더군요. '늦는 거 틀림없죠?' 라고요.

유머감각이 뛰어난 사람들은 대부분 '반박'이나 '되받아치

기', '응수'에 능수능란하다. 이런 기술들을 자연스레 몸에 익히는 데는 몇 가지 방법이 있다.

- 상대방이 할 말을 미리 생각해둔다.
- 일상적인 말이 아닌 비유적인 말을 쓴다. 추상적인 어휘로 이해하기 힘들게 한다.
- 상대방을 자기가 말하고 싶은 화제로 유도한다.
- 상대방의 이유와 결론을 역이용한다.
- 상대방이 공격할 때 '그렇다면 나도' 하고 덤을 덧붙인다.
- '그렇게 생각하겠죠? 바로 그게 틀렸다는 겁니다' 하는 식으로 자르고 들어간다.
- '하지만 동시에……' 하고 이야기의 초점을 분산시킨다.
- '그럼 묻겠는데요……' 하고 상대방의 주장을 역이용한다.
- 상대방의 이론에 동의하며 '그러니까……' 하고 부연하는 형식으로 되받아친다.
- 속담, 명언 따위로 논리를 세운다.
- 상대방의 말을 극대·극소로 확대·축소하여 그 말의 모순과 불합리한 점을 지적한다.
- 매 상황을 '그것'은 언제까지나 '그것'이 아니라는 시선으로 바라본다.

이와 같은 일반적인 기술을 터득하는 데는 많은 노력이 필요하다. 특히 어떤 일이든 늘 그 반대가 존재한다는 사실을 명심하고, 가장 효과적인 화법을 연구하고 즐길 줄 알아야 한다.

어떤 상황에서도 당황하지 않고
상대방을 향해 카운터펀치를 날릴 수 있는 기술을 쌓아라.
다른 사람보다 더 높은 위치에 올라서고 싶다면…….

설득력 있는 유머

어느 회사 경리부 직원이 회사 공금을 횡령해 집까지 장만했다. 나중에야 이 사실을 알게 된 사장이 그를 경찰에 고발하고 해고하려 하자, 그 직원이 하소연했다.

"제발 저를 해고하지 말아주십시오. 전 이제 원하는 것을 손에 넣었습니다. 이제부턴 가장 신뢰할 수 있는 사람이 될 것입니다."

유럽의 유머에는 저명한 정치인들이 자주 등장하는데, 덩샤오핑과 고르바초프도 단골이다.

러시아와 중국이 전쟁을 벌인다는 재미있는 설정이 있다.

두 나라가 전쟁을 벌였는데, 전쟁 1주일 만에 러시아군이 중국인 100만 명을 체포했다.

그후 포로의 수가 더욱 늘어나 2주일이 지나자 500만 명, 그리고 두 달 뒤에는 3,000만 명이나 되었다.

상황이 이쯤 되자 덩샤오핑이 고르바초프에게 전보를 쳤다.

'어떠냐, 항복하라.'

가히 설득력 넘치는 유머라 하지 않을 수 없다.

인생에는 설득력이 필요할 때가 많은데, 상대방을 설득하기가 말처럼 쉽지 않다. 때문에 누구나 이 문제로 골머리를 앓은 경험이 있을 것이다.

비즈니스 세계에서도 설득은 매번 시험되고 있다. 거래처와의 협상, 부하직원에 대한 관리감독과 격려, 상사에 대한 진언 등 누구나 설득 능력을 요구받고 있는 것이다.

그렇다면 유머화술은 설득의 무기로서 어떤 역할을 담당할까?

살아생전 명사가 되어 있던 피카소는 많은 그림을 그렸는데, 그의 그림을 여러 장 사들인 부호가 있었다. 이 부호가 어느 날 피카소를 만나 말했다.

"당신의 그림은 잘 이해가 되지 않습니다."

피카소가 되물었다.

"당신은 중국어를 압니까?"

"아니요."

"중국어를 쓰는 사람이 8억이나 된다던데?"

자신의 그림이 난해하긴 해도 노력하면 분명히 이해할 수 있

너무 직설적인 화법은 상대방의 기분을 언짢게 할 가능성이 높다. 따라서 다른 대상을 끌어들여 은유적으로 표현하는 기술을 몸에 익히면 훨씬 더 효과적으로 상대방을 설득할 수 있다.

다는 말을 내포한 화술이다.

설득형 유머화술의 포인트는 상대방으로 하여금 자신도 모르게 '과연!' 하게 만드는 것.

비누를 만들어 팔아서 큰돈을 번 부자가 '성공 비결'이 무엇이냐는 기자의 질문을 받고, '청결한 생활'이라고 대답했다는 식의 유머는 설득력을 배가시켜준다.

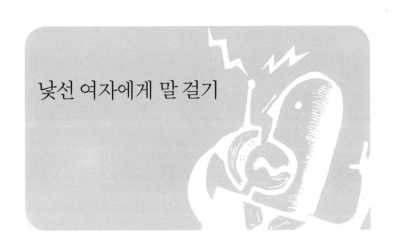

낯선 여자에게 말 걸기

한 남자직원이 여직원에게 말했다.

"회사 사람들이 너와 날 놀려대고 있어. 오늘 퇴근길에 산책이라도 하면서, 왜들 그렇게 생각하는지 같이 상의해보지 않겠어?"

불과 10여 년 전만 해도 소개를 받지 않은 이상 모르는 여자에게 말을 걸면 안 된다는 것이 남자의 예의였다. 어쩔 수 없는 경우라야 겨우 먼저 양해를 구하고 자신을 소개한 다음 말을 건넸다. 그러나 이제는 시대가 달라졌다.

시내 거리를 걷다 보면 젊고 귀여운 아가씨들이 쉽게 눈에 띈다. 그런 아가씨에게 '예쁜데?', '귀여워!', '그 블라우스, 보기 좋은데요!' 하고 말을 붙이면 열이면 열 '고마워요' 하고 미소짓는다. 한결 유머가 통하는 시대가 된 것이다.

P는 여행을 할 때마다 꼭 차 안에서 여자들을 사귄다. 실제로 그런 계기로 만난 여자와 지금까지 교제하고 있다. 그래서 그 방법을 물어보니 P는 이렇게 말했다.

"별거 아냐. 관광지나 경치 좋은 데서 맘에 드는 아가씨에게 부탁을 하는 거야. '미안합니다만, 기념사진 한 장 찍어주시겠어요?' 하고. 그러고 나서 '미인이신데, 아가씨 사진도 한 장 찍게 해주십시오' 하는 거야. 그 다음엔 '돌아가는 대로 이메일로 보내드리지요. 필요하시면 몇 장 인화해드리겠습니다. 주소하고 메일 주소를 좀' 하고 말하는 것뿐이야."

이것은 일종의 게임이고 도박이다. 남자라면 누구나 한 번쯤 도전해볼 만하다.

밑져야 본전이라고?

하지만 그렇지 않을 텐데?

지면 손해볼 게 없지만, 성공하면 오히려 돈이 마구 깨지는데……?

비판형 유머화술

☻ 암환자

맡은 업무도 제대로 소화하지 못하면서 수시로 이런저런 핑계를 대
며 자리를 비우고 커피나 마셔대는 직원이 있었다.

한번은 부장이 그에게 넌지시 말을 걸었다.

"커피를 많이 마시면 암에 걸릴 확률이 높아진다는 소릴 자네도 들
어봤겠지?"

"그건 말도 안 되는 소리예요. 저를 보세요. 커피를 하루에 열 잔 넘
게 마시고 있지만, 아무 문제 없잖아요?"

"아니, 천만에! 자넨 이미 암환자일세."

"예?"

"근무시간 내내 커피 타령이니, 회사에서 이미 '암적인 존재'란 걸
자네만 모르고 있지!"

☻얕은 웃음

한 세일즈맨은 말을 할 때마다 늘 헤헤거리면서 얕은 거짓웃음을 흘리곤 했다.

한번은 거래처 상사가 그에게 물어보았다.

"자넨 늘 그렇게 웃으면서 말을 하나?"

"뭐, 그러는 편이죠."

"아픈 사람 앞에서도?"

"천만에요! 그땐 삼가야죠."

상사가 말했다.

"그런가? 그럼 당장 그 웃음 좀 치워주게. 난 자네의 얕은 웃음을 대할 때마다 속이 아프니까."

☻초등생까지?

모 백화점 완구 매장의 오 주임은 호색한으로 유명했다. 호시탐탐 여자들을 노렸기에 백화점 여직원들을 가만히 놔두지 않았다. 그래서 남자직원들은 한결같이 그를 밥맛없어했다.

그러던 어느 날, 오 주임이 매장에서 인형을 훔친 여자 초등학생을 뒤쫓게 되었다.

한참 뒤쫓던 오 주임이 앞쪽에 서 있는 부하직원을 발견하고 소리쳤다.

"이봐, 그 여자아이 좀 붙잡아!"

그러자 부하직원은 떨떠름한 표정으로 이렇게 말하는 것이었다.

"주임님, 대강 좀 해두시죠!"

☻비정

F사의 인사부장은 차갑고 비정한 사람으로 악명이 높았다. 그는 자기 마음에 들지 않는 사람은 가차없이 지방 발령을 내버렸기 때문에 젊은 사원들 모두 그를 두려워했다.

그에 대한 소문은 어느덧 거래처까지 전해졌는데, 어느 날 F사의 영업사원을 만난 거래처 직원이 말했다.

"자네 회사 인사부장은 피도 눈물도 없다면서?"

이에 F사의 영업사원이 확신에 찬 어조로 대답했다.

"물론입니다. 그 사람은 자기 마음에 들지 않으면 아마 사장이라도 전근시켜버릴 겁니다."

☻동료의 평가

새로 입사한 H는 잔꾀가 많고 요령이 좋았다. 상사 눈앞에서는 열심히 일하는 척하다가도 자리를 비우면 딴짓거리를 해댔다.

어느 날 상사가 그런 H를 못마땅하게 여기고 있던 U에게 말했다.

"H는 참 열심히 일하는 것 같은데, 앞으로 좋은 재목이 될 것 같지 않은가?"

이에 U가 대답했다.

"예, 상당히 우수하다고 생각합니다만…… 딱 한 가지, 근무시간을 아직 잘 모르고 있는 것 같습니다."

"그게 무슨 소리지?"

"부장님이 자리를 비우면 그때부터 휴식시간인 줄 알거든요."

☻말투

평소 말투가 예의바르지 못한 직원이 있었다. 습관처럼 입에 붙은 그의 말투는 직장 동료들에게 종종 오해를 불러일으켰다.

그날도 자기 부장에게 한마디를 한다는 것이 이랬다.

"부장님, 그 건은 어떻게 되었지요?"

그 소리를 들은 부장이 울컥하여 한마디했다.

"자네, 또 사장님 흉내를 내고 있군!"

"예? 그게 무슨? 전 단지……."

부장이 그를 쏘아보며 말했다.

"아니야. 목소리는 다를지 몰라도, 자네 말투는 영락없는 사장님 말투란 말이야!"

☻철면피 상사

부하직원이 올린 제안 내용을 마치 자기 아이디어인 양 상부에 보고하는 과장이 있었다.

어느 날 주임 하나가 새로운 기획거리를 제안하자 과장이 그 즉시 엉덩이를 들며 말했다.

"아주 좋은 아이디어 같네. 내 지금 즉시 부장님을 찾아가 보고하도록 하지."

이에 그 주임이 재빨리 자기 명함을 꺼내 과장에게 내밀며 말했다.

"과장님, 이것도 같이 가지고 가주십시오. 과장님은 부장님 방에 가는 동안 종종 제안자의 이름을 잊어버리시는 것 같더군요."

고마움

낭비벽이 심한 직원이 아직 꽤 쓸 만한 필기구와 문구류를 마구 휴지통에 버렸다.

이를 본 상사가 그의 행동을 비꼬았다.

"아직 충분히 쓸 수 있는 물건들을 버리다니! 자넨 회사가 자네처럼 아무짝에도 쓸모없는 사람을 버리지 않고 데리고 있는 고마움을 모르나 보군!"

야구광

프로야구라면 사족을 못 쓰는 사원이 있었다. 야구를 어찌나 좋아하는지 야간 경기라도 있는 날이면 어김없이 꾀병을 부려 조퇴를 신청했다.

그날도 그가 조퇴계를 제출하며 말했다.

"부장님, 두통이 심해서 도무지 견딜 수가 없습니다."

이에 부장이 피식 웃음을 흘리며 대꾸했다.

"별수 없지 뭐. 보통사람이야 약을 먹으면 낫겠지만, 자네의 두통은 비가 장대처럼 퍼부어야 멈출 테니까."

충분한 시간

결단력이 부족한 K부장은 매사에 망설이고 무슨 일이든 결정을 미루는 버릇이 있었다.

그날도 한 직원이 특별휴가를 신청하자 안색부터 변했다.

한참을 고민하던 부장이 직원에게 물었다.

"그래, 휴가는 언제부터 낼 생각인가?"

"예, 2년 후 8월 1일부터입니다."

부장이 깜짝 놀라며 물었다.

"뭐라고? 그렇게나 나중에? 그런데 그걸 왜 지금 말하는 거지?"

직원이 대답했다.

"부장님께서 충분히 고려하실 시간을 드리려고요."

☻커리어우먼

기획실의 미스 장은 실력이 뛰어난 커리어우먼인데다 날마다 화려한 옷차림으로 출근해 남자직원들의 시선을 사로잡았다.

쉬는 시간. 로비에서 자판기 커피를 마시며 두 남자가 얘기를 나누었다.

"미스 장 말이야, 그녀를 보고 있으면 교통 신호등이 떠올라."

"왜, 컬러풀해서?"

그가 말했다.

"아니, 무시하고 싶어지니까."

☻고개를 숙여라

K는 회사 내에서 상사나 손님을 만나도 좀처럼 인사를 하지 않았다.

하루는 직속상사가 그를 불러 꾸지람을 했다.

"자넨 뭐가 잘나서 그렇게 뻣뻣한가? 신입사원 주제에 상사나 손님을 만나면 고개를 숙여야 하지 않겠나?"

하지만 K는 반성하는 기색도 없이 대뜸 이렇게 되받는 것이었다.

"저는 마음에서 우러나오지 않는 인사는 하지 않는 게 낫다는 주의입니다."

그러자 상사 역시 지지 않고 말을 받았다.

"인사를 하라는 게 아니야. 그런 자네 얼굴 자체가 상사나 손님한테 불쾌감을 주니까, 얼굴을 마주치지 않게끔 고개를 숙이란 말이지!"

소심증

서로 다른 직장에서 생활하다 모처럼 만난 두 친구가 반가운 마음에 술자리를 갖게 되었다.

이런저런 대화 끝에 회사 상사 이야기로 화제가 바뀌었다.

"우리 과장은 늘 안절부절못해. 꼭 벼룩 심장이지."

이에 다른 친구가 말을 받았다.

"그 정도면 다행이게?"

"무슨 소리야?"

"간 작은 걸로 치면 우리 과장이 훨씬 심하다고. 만일 그 사람 심장을 벼룩의 심장과 교환하면 과장은 틀림없이 심장 과대로 쓰러질 거야."

똑같은 대우

10년 동안 결혼생활을 해온 남자가 결혼상담소를 찾아왔다.

"갓 결혼했을 땐 정말 행복했지요. 피곤한 일과를 마치고 집에 들어가면 우리 강아지가 먼저 달려와 주위를 맴돌았고, 아내는 슬리퍼를 내어주곤 했답니다. 그런데 지금은 정반대죠. 슬리퍼는 개가 물어다 주고 아내는 무서운 소리로 짖기만 하거든요."

상담원이 고개를 갸우뚱하며 말했다.

"도무지 뭐가 불만인지 모르겠군요. 여전히 똑같은 대우를 받고 있는데 말이죠?"

●임기응변

어느 지방 소도시에서 공연 중인 연극에 주인공이 강으로 뛰어드는 장면이 있었다. 출연자가 무대 뒤로 뛰어내리면 음향효과를 맡은 아가씨가 물통으로 '첨벙!' 하는 효과음을 내기로 되어 있었다.

어느 날 밤 공연에서 효과담당이 연출자의 신호를 놓쳐, 주인공이 뛰어내렸는데 '첨벙!' 소리 대신 '쿵!' 하는 소리가 났다.

순간 죽음 같은 정적이 무대를 감쌌고, 잠시 후 주인공이 작은 목소리로 중얼거리는 소리가 들려왔다.

"젠장, 강물이 꽁꽁 얼어붙어버렸군!"

●휴가

평소 일에는 관심 없고 농땡이 치기를 좋아하는 세 여직원이 근무 중에 지난 여름휴가에 대해 열을 올리고 있었다.

한 선배 직원이 그들에게 다가가 물었다.

"휴가를 어디로 갔다왔는데?"

"발리요."

"스페인요."

"전 뉴질랜드요."

세 사람이 자랑스럽게 대답하자 선배가 다시 물었다.

"휴가 때 특별히 외국까지 나갈 필요가 있을까? 뭘 하러 거기까지 갔는데?"

한 여직원이 대답했다.

"우리나라에선 못해본 걸 해보려고요."

그 말에 나머지 두 직원도 공감하며 고개를 끄덕이자 선배는 이렇게 말하는 것이었다.

"거참, 정말 놀랍군. 일을 하러 외국까지 나가다니!"

☠위경련

주전부리를 좋아하는 여직원이 근무 중에도 책상서랍에 쿠키를 넣어두고 아삭아삭 소리를 내가며 먹었다.

그러자 이를 보다못한 상사가 이맛살을 구기며 한마디했다.

"자네가 그렇게 쉴새없이 먹는 것이 위에 어떤 영향을 주는지 한 번쯤 생각해봤나?"

그녀가 넉살좋게 대꾸했다.

"예, 전 예전부터 위가 튼튼해서 걱정 없어요."

상사가 덧붙였다.

"자네 위를 걱정하는 게 아닐세. 그 꼴을 보고 있는 내 위가 경련을 일으키기 때문이지."

☠무단출근

상습적으로 무단결근을 하는 직원이 있었다.

그날도 전날에 아무런 연락도 없이 결근했다가 이튿날 태연한 얼굴로 출근한 그를 상사가 불러세웠다.

"결근하면서 왜 전화 한 통 없었나?"

그 직원이 언제나 그렇듯이 변명을 해댔다.

"전화를 하려고 했지만 복통이 엄청 심해서요."

상사가 차갑게 추궁했다.

"내가 말하는 건 어제 일이 아닐세. 왜 오늘 전화를 하지 않았느냐 이 말이지!"

"예?"

"자네의 무단결근이야 뭐 이상한 일도 아니지만, 오늘처럼 무단으로 출근하면 내가 자네한테 어떤 일을 시켜야 할지 난처해지지 않겠나?"

PART 2

직장은 최고의 유머 훈련장
"업무를 통해 실전 테크닉을 익힌다"

솔선수범

모 회사 사장은 직원들이 좀더 부지런히 일해줬으면 하는 바람으로 회사 곳곳에다 이런 표어를 붙여놓았다.

'오늘 할 일을 내일로 미루지 마라.'

그러자 그날 당장 경리부장은 3억을 횡령했고, 총무과장은 사장 여비서와 눈이 맞아 달아났으며, 노조는 임금인상을 요구하고 나섰다.

평소 직장생활이나 오락에 매우 적극적인 사람이 회의시간만 되면 갑자기 소극적으로 변하는 경우가 있다. '이런 소릴 했다가 괜히 웃음거리가 되는 건 아닌가?' 하는 소심한 마음이나, '그럼 자네가 한번 해봐 하고 나오면 어떻게 감당하지?' 하는 자신이 속한 분야에서 리더가 되고 싶다면 모든 일에 적극적인 자세로 맨달려라. 도중에 겪게 되는 작은 실패쯤은 가볍게 여기고 '나는 할 수 있다'는 주문을 되뇌며 자신의 능력을 의심 없이 믿어라.

계산이 앞서서일 것이다.

또 아무런 의견을 내놓지 못하면서 라이벌을 의식해 남의 의견을 헐뜯을 구실만 찾는 사람도 있을 것이고, 상사에게 '저 친구 시도 때도 없이 나선다니까' 하는 핀잔을 듣거나, 직속상사에게 '이 녀석이 내 자리를 노리는 건 아닐까?' 하는 엉뚱한 오해를 받을 우려도 없지는 않다.

그러나 어느 조직의 근무평가에서도 '적극성'은 빠지는 법이 없으며, 당장은 아니라도 훗날 반드시 좋은 평가를 받게 마련이다. 설사 그런 점들을 고려하지 않는다 해도 필요할 때는 당당하게 발언할 수 있어야 한다. 자잘한 계산 때문에 머뭇거리고 망설이는 태도는 매사에 자신감을 잃게 만들기 때문에 정신건강에도 좋지 않다.

솔선수범은 다른 동료들을 배려하는 동시에, 지금 상태에 머물지 않고 무슨 일이든 찾아서 먼저 하고자 하는 적극적인 정신이다. 젊은 시절의 패기만만한 도전정신, 그리고 경력이 쌓이고 진급을 해서 높은 지위로 올라갈수록 '하겠다'는 정신으로 솔선수범한다면 불가능한 일도 없다.

그런데 이런 적극성은 현상에 구애받지 않고 일이 진행되어 가는 상태에 맡긴다는 점에서 유머를 필요로 한다. 그와 함께 '어떻게든 되겠지' 하는 마음의 여유가 오히려 유머감각을 키워준다. 유머가 있다면 조급해할 일이 없고, 조급해하지 않으면 유머가 생긴다.

하지만 솔선수범이 만병통치약은 되지 못한다. 때론 손해보거나 안 해도 될 일까지 떠맡는 경우가 있겠지만, 그렇다고 죽기야 하겠냐 하는 마음가짐으로 살아가는 것이 유머인 것이다.

창조력이란 적극적인 생각을 가진 사람이 현안에 부딪힐 때 적극적인 사고방식으로 대하는 것이다. 최후의 승리는 결승점에 도달하기까지의 끈기와 노력에 달렸다. 어찌됐든 스스로 무엇인가 해보려고 하는 적극적인 도전자세가 필요하다. 이도 저도 아닌 소극적인 태도에서는 아무것도 생겨나지 않는다. 현명한 사람은 어리석은 자가 뒤로 미룬 일 속으로 직접 뛰어든다.

－발타자르 그라시안

기획회의에서 자기 실력을 보여라

"당신, 간밤에 도둑이 들었다고 하더니 진짜 도둑이 들었나 보군."

남편이 옷을 챙겨 입으면서 말했다.

"어째서요?"

"내 호주머니 돈이 몽땅 없어졌으니 하는 말이오."

"당신이 용감하게 자리에서 일어나 그 도둑에게 총을 쐈다면 지금 그 돈은 그대로 있을 것 아니에요."

"그랬을 수도 있겠지. 하지만 난 홀아비 신세가 됐을 걸."

회사 내 조직들끼리는 이런저런 회의를 하게 마련인데, 그 중에서도 기획회의를 꼽지 않을 수 없다. 기획회의는 일정한 주제에 대해 참석자 모두가 각자의 아이디어를 내놓고, 그 잡다한 의견들을 종합해 새로운 발상을 끌어내는 회의다. 구성원의 수만큼 의견이 다양해야 좋은 기획이 나오기 때문에 누가 어떤 제안을 해도 그것을 비판하지 않는 것이 기획회의의 원칙이다. 괜히 말 트집을 잡거나 제안자의 의견에 의문을 갖게 되면 새로운 아이디어 창출에 방해가 될 뿐이다. 그런데 유머를 아는 사람에게는 이때가 더없이 좋은 기회다.

회의를 하더라도 사고가 틀에 얽매여 있어서 평범하고 상식적인 아이디어 주변만 맴도는 경우가 많다. 유머감각을 지닌 사람은 이때를 놓치지 않고 화려하게 등장해야 한다.

아이디어는 기상천외할수록, 상식을 벗어날수록 좋다. 설사 그 자리에서 제안한 의견이 채택되지 않더라도 그 엉뚱한 발상을 토대로 변화와 수정이 가해져 새로운 아이템이 만들어질 수 있다. 그렇게 된다면 그 최초의 씨앗을 제공한 당신은 남다른 평가를 받게 된다.

물론 이런 상황은 더없이 좋은 설정이다. 어쩌면 당신이 낸 아이디어가 실현 불가능하고 쓸모없는 것으로 결론지어질 수도 있다. 그렇다고 실망하지 마라. 이미 당신은 충분한 성과를 거두었다. 참석자들의 이목을 사로잡았다는 것만으로도 이제부터 회사 내에서 당신을 바라보는 눈이 달라질 것이다. 사람들은 당신을 보면 '저 녀석, 참 재밌는데?' 하고 친밀감을 느끼고, 근무평가에도 긍정적으로 반영될 것이다.

회의 때 엉뚱남·생뚱녀로 찍혀라.
누구에게나 훤히 들여다보이는 기획으로는 성공할 수 없다.
엉뚱함 속에서 획기적인 아이디어가 튀어나온다.

그런데 이색적인 아이디어를 내놓으려면 어떻게 해야 할까?
바로 유머의 힘을 빌리는 것이다.

만일 당신이 앞서 언급한 '발상의 전환'과 '일직선으로 나아
가지 말라'는 사고를 익히고, '즉시 되받아치는' 방식으로 현상
과 사물을 뒤집어보는 데 흥미를 갖고 있다면 다른 팀원들보다
훨씬 뛰어난 아이디어를 내놓게 될 것이다.

상사에게 트집을 잡힌다

한때 '아침형 인간' 신드롬이 불면서 더불어 '저녁형 인간'과
'새벽형 인간'까지 직장인들의 관심사가 된 적이 있었다.

김 대리와 박 대리가 아침부터 이 주제로 대화를 하고 있었다.

김 대리 난 아침형 인간이 좋더라고. 하루가 길잖아?

박 대리 난 저녁이 더 좋아. 체질적으로도 난 저녁형 인간이야.

그러자 옆에서 이야기를 듣고 있던 부장이 툭 한마디를 던지고
지나갔다.

"먼저 인간이나 되라!"

직장에서 항상 상사의 눈치나 살피고 굽실거리는 사람은 남
의 이목을 끌지 못한다. 물이나 공기처럼 그렇고 그런 사람으로

취급된다. 때문에 심플하다거나 재치 있다는 평가를 받을 수가 없다.

이와 반대로, 수시로 트집을 잡히는 사람은 조금 거북스럽긴 해도 그 당돌한 기질은 인정받게 마련이다.

가령 남들이 다 하는 특근을 당분간 피하고 싶을 때가 있다.

이때 '실은 요즘 우리 집사람이 바람난 것 같아서요'라고 한다면, '바람 좀 피우는 게 어때서? 일이나 해!'라고 말할 상사는 없을 것이다.

이렇게 재치 있는 화법은 '피곤해서 특근을 못하겠는데요' 하는 말보다 훨씬 강력하다. 똑같은 부정적인 말이라도 그 효용성에서 높은 평가를 받는 동시에, 상사의 정서를 자극해 동정심까지 유발할 수 있는 것이다.

이렇게 말해야 주목받는다!

- 말의 첫마디에 임팩트를 준다. 시작이 반이라고, 첫마디는 스피치의 절반 이상을 좌우한다.
- 적절한 사례를 동원함으로써 구체적인 이미지가 떠오르게 한다.
- 타이밍을 보아 적절한 조크를 띄운다.
- 핵심사항을 강조한다.
- 밝고 또렷한 목소리로 말한다. 내용이 아무리 좋아도 작은 소

리로 말하면 듣는 사람이 피로감을 느낀다.

- 듣는 사람의 반응에 솔직하게 대응하면서 이야기를 진행시킨다.

- 제스처를 사용한다.

- 요점을 잘 정리하고 핵심을 반복하며, 인상에 남는 느낌을 삽입하는 등 끝맺음에 대해 연구한다.

상사의 괴롭힘을 기회로

사장 김 부장 어디 갔나?

직원 예, 로또 사러 갔습니다.

사장 아니, 이 사람이 근무시간에 일은 하지 않고?

직원 저, 회사의 이 달 손실을 막겠다면서……

상사가 어떤 부하직원을 특별히 예뻐하고 관심을 보이는 데는 두 가지 이유가 있다. 키워서 앞으로 잘 써먹으려는 속셈이거나, 있어도 해로울 것이 없다고 대수롭지 않게 여기기 때문이다. 그렇다면 이와 반대로 특정 부하직원을 미워하고 괴롭힌다면?

'모난 돌이 정을 맞는다'는 말이 있다. 아마도 그 부하직원은

집요하게 잔소리를 퍼붓는 상사에게 말대꾸로 매를 벌 필요는 없다.
때론 백기투항이나 뻔한 아부의 말 한마디가 더 효과적이다.

상사 나름의 상식적인 범위를 벗어난 사람일 것이다.

상사로부터 괴롭힘을 당할 때, 그 악의의 원인 제공자가 당신이라면 어쩔 수 없다. 조금씩이나마 상사가 눈에 거슬려 하는 부분들을 고쳐나가면 된다. 그러나 이때도 절대 서두를 필요는 없다. 무슨 큰 죄라도 지은 것처럼 단번에 고치려 해서는 안 된다. 그러면 상대는 더욱 기가 올라 자신의 악의를 합리화하고 시어머니 노릇까지 하려 든다.

이럴 땐 기회를 노렸다가 이렇게 한번 해보는 것이다.

"부장님, 오늘 소주 한잔 사주십시오."

역수로 치고 나가는 법이다.

이러면 설사 한잔 얻어먹는 데는 성공하지 못하더라도 화해를 청하는 자세로 비치게 된다. 그래서 이쪽이 먼저 백기를 들었다는 생각에 은근슬쩍 태도가 달라질 수도 있다. 게다가 정말로 술까지 한잔 얻어먹게 된다면 꿩 먹고 알 먹는 셈이지 않은가!

지각에 대한 변명

J는 매우 성실해서 수년 전 입사한 뒤로 한 번도 지각한 적이 없었다. 그런데 그가 어느 날 아침 그만 지각을 했다.

그러자 연중 지각대장인 동료가 심각한 표정으로 그에게 물었다.

"어떤가? 지각을 처음으로 체험한 느낌이?"

"글쎄?"

J가 말했다.

"이렇게 한심한 느낌을 늘 받고 사는 사람의 심정을 도무지 이해할 수가 없군."

상습적으로 지각하는 사원을 과장이 질책하고 있다.

"자네, 얼마나 더 지각을 해야 직성이 풀리겠나? 자네 지금 대체 무슨 생각을 하고 있는 건가?"

"예, 지각 변명거리를 생각하고 있습니다."

이런 식이라면 그날로 잘릴 것임에 틀림없다.

똑같은 지각이라도 유머화술의 센스가 있는 사람이라면 재치 있게 변명할 수 있다.

예를 들어 이런 식은 어떨까?

"죄송합니다. 실은 아이가 태어나서……."

"뭐, 그래? 그래, 언제 낳았지?"

"예, 10개월 전입니다."

또 이런 식도 있다.

"자네 오늘도 지각인가? 게다가 오늘은 어제보다도 늦지 않았나? 대체 어떻게 된 거야!"

"죄송합니다. 오늘만은 지각하지 않으려고 보통 때보다 한 대 빠른 전철을 탔는데……."

"그런데 뭐가 잘못된 거야?"

"예, 그게 글쎄 출발하고 보니 반대 방향 차여서……."

평소 지각하는 버릇이 있는 사람은 출근 때뿐만 아니라 출장이나 상담 때도 늦는 경우가 많다. 예정된 비행기를 놓쳐 중요한 고객을 기다리게 하는 것은 큰 실수다. 이럴 땐 어떻게 변명하는 것이 좋을까? 여기서 잠깐, 영국 총리였던 윈스턴 처칠의 일화를 살펴보자.

지각 상습범이라는 딱지를 달고 있던 처칠은 비행기나 열차 시간에 자주 늦곤 했다. 한번은 어떤 기자가 그 이유를 묻자 그는 이렇게 대답했다.

"나는 스포츠맨이기 때문에 페어플레이를 존중하지요. 때문에 비행기나 열차에게도 도망칠 기회를 주는 것뿐입니다."

매우 유니크한 변명이지만 이것은 처칠이기 때문에 할 수 있는 변명이지 보통사람이 이렇게 변명하면 오히려 불손한 인상을 줄 가능성이 높다. 그래서 우리는 좀더 넉살 좋은 유머화술을 구사할 필요가 있다.

"굉장한 정체였어요. 비행기가 도중에 30분이나 공중에 머물러 있지 뭡니까?"

"기내가 너무 혼잡하더군요. 쭉 서서 오다가 도저히 못 참고 공중에서 뛰어내렸습니다."

이런 식의 난센스 유머화술로 우선 상대방을 웃게 만든 다음 정중히 사과하는 것이다.

밀려나더라도 의연하게

큰 회사의 사장이 공항으로 나가다가 밤샘 근무를 마친 정문 경
비원을 만났다. 그런데 경비원은 사장에게 인사를 하더니 다짜
고짜 어젯밤 자기가 꾼 꿈에 대해 말해주는 것이었다.

그 꿈의 내용은 사장이 타고 갈 비행기가 이륙하자 폭발하더라
는 것이었다. 사장은 미신을 믿는 사람인지라 일정을 연기했다.
그리고 나중에 알고 보니 경비원의 꿈대로 그 항공기가 정말로
이륙 직후 폭발해버린 것이다.

사장은 그 경비원을 불러 사례금으로 1억 원을 주었다. 그리고
곧바로 그를 해고해버렸다.

경비원이 억울한 나머지 사장을 찾아가 물었다.

"사장님, 제가 꿈을 알려드려 목숨을 구했는데 저한테 이러실

수 있습니까?"

그러자 사장이 말했다.

"당신의 임무는 밤새 깨어 있어야 하는 것이니까 해고하는 게 당연하오."

오늘날의 조직사회는 끊임없는 경쟁의 연속이다. 수많은 실패와 패배의 쓴잔을 각오해야 한다. 한때의 경쟁에서 밀려나 한직으로 좌천되거나, 승진 실패 등의 수모도 피할 수가 없다. 그렇다고 해서 절망하고 괴로워하며 주저앉는다면 그건 진정한 도전자의 자세가 아니다. 그리고 바로 이런 상황에서 꼭 필요한 것이 유머이고, 유머리스트는 확실히 살아남을 가능성이 높다고 할 수 있다.

온갖 변수와 격랑으로 요동치는 시대에 새옹지마는 일상적인 일이다. 좌천되어 한직으로 밀려나더라도 오히려 그것을 자기 실력을 향상시키는 기회로 삼을 수 있다. '세상에는 별일도 다 있구나' 하는 마음으로 스스로를 객관화해 바라보는 여유만 있다면 시련쯤이야 하나의 통과의례일 뿐이다.

크게 한번 심호흡하고 나서 산뜻한 기분으로 '좋다 이거야! 어떻게든 한번 해보자고!' 하고 용기를 재충전할 수 있는 것이다. 괴롭고 억울하다고 쓸데없이 감상에 사로잡혀서는 안 된다. 용기를 내어 자신의 이성적인 모습을 되찾아야 한다. 어떤

치열한 경쟁에서 밀려났을 때에도 용기와 여유를 갖고 있는 사람은 언젠가 반드시 성공한다. 오늘의 시련을 내일의 희망으로 바꿀 수 있는 마음자세야말로 유머정신과 가장 가깝다.

상황에서도 절대 이성을 잃지 않는 자세, 유머리스트라면 충분히 가능하다.

부하직원을 지방으로 떠나보내야 하는 상사는 다음과 같은 위로의 말을 건넬 것이다.

"너무 낙담하지 마. 이번 인사 사태가 지나면 몇 달 안에 다시 본사로 불러들일지도 모르니까."

이때 도살장으로 끌려가는 돼지처럼 침울해해서는 안 된다. 마치 남의 일인 양 시원스런 표정으로 당당하게 말해라.

"아뇨, 조금도 낙담하지 않습니다. 마치 은퇴한 사장 같은 심정인 걸요!"

라이벌 골탕먹이기

의사와 건축가, 정치인이 제각각 자기 직업이 가장 오래된 직업
이라고 우겼다.

의사는 하나님이 아담의 갈비뼈로 이브를 만들어낸 것이 바로
외과수술이라면서 가장 오래된 직업이라고 말했다.

이에 뒤질세라 건축가도 하나님이 건축가와 같이 혼돈상태에서
세상을 창조한 것이라면서 가장 오래됐다고 했다.

그러자 정치인이 반문했다.

"그럼 당신들은 애당초 세상을 혼돈 속에 빠뜨린 사람이 누구라
고 생각하시오?"

조직사회에서 경쟁하다 보면 승리할 수도 있지만 호되게 당

할 수도 있다. 그리고 인정하기 싫지만, 자기를 골탕먹이고 자빠뜨린 녀석에게는 분명히 그만한 실력이 있을 것이다.

하지만 그런 인간도 만능일 리는 없다. 자신감이 넘치는 사람일수록 빈틈이 많고, 언젠가는 상황이 역전될 때가 있다. 가령 여자문제라든가, 경쟁기업과 은밀히 접촉하고 있는 경우라든가, 사내의 어떤 연줄에 닿아 있을 수도 있다.

그런데 그런 약점을 잡았다 해도 너무 노골적으로 겁주는 것은 유머리스트다운 태도가 아니다. 넌지시 암시하는 정도로 충분하다. 기회를 노렸다가 그런 언질을 함으로써 상대방을 곤혹스럽게 만드는 것도 재미있을 것이다.

비즈니스 세계에 이런 말이 있다.

'나는 이 세상에 단 한 명의 적도 없다. 왜냐하면 내 친구들도 다 나를 미워하고 있으니까.'

이렇게 세상을 느긋한 자세로 살아간다면 끙끙댈 이유가 없다. 유머는 마음의 상처를 치료하는 특효약이다.

고대 그리스의 시인 소포클레스는 이렇게 말했다.

"사람들은 세 부류로 나눌 수 있다. 첫째, 우리를 이용하려는 사람, 즉 원수이다. 둘째, 우리를 이용하려는 동시에 우리에게 이용되어지려는 사람, 즉 친지(親知)이다. 셋째, 우리가 존경하고 또 그를 위해 있는 힘껏 도우려고 하는 사람, 즉 친구이다."

유머리스트는 인생을 살아감에 있어서 적의를 갖고 누군가와 크게 다투지 않는다. 더구나 직장 동료와의 감정싸움 따위는 백해무익할 따름이다. 가능한 모든 동료를 자기 친구로 만들어라.

여기, 그 노하우를 정리했다!

- 상대방의 관심사를 알아둔다.
- 행동으로 먼저 관심을 보인다.
- 말을 걸기 전에 상대방의 기분을 살핀다.
- 상대방을 칭찬할 거리를 찾아내어 칭찬해준다.
- 쓸데없는 자존심을 버리고 먼저 친절을 베푼다.
- 상대방의 입장이 되어 생각한다.
- 설사 내가 조금 손해보더라도 서로 미소가 끊이지 않게 한다.
- 직장 밖에서도 만난다.
- 둘보다는 셋이 좋다. 게다가 의외의 인물이라면 더욱! 제3의 친구를 끌어들여 분위기를 전환한다.
- 일단 친구가 되었으면 성의를 다해 우정을 키워나간다.
- 자신의 실력을 키운다. 상대방에게 뒤처지면 우정이 지속되기 힘들다.

상사의 등을 밀어준다

영업부장이 직원들에게 각자의 할당량을 달성하라고 격려했다.
그는 인센티브로 목표를 달성하는 직원에게 자신의 바닷가 별
장을 쓰게 해주겠다고 제의했다. 그러자 한 직원이 물었다.
"부장님이 별장을 갖고 계신 줄은 몰랐는데요?"
영업부장이 대답했다.
"지금은 없지. 그렇지만 자네들 모두가 목표를 달성하면 별장을
살 수 있게 된다네."

성서에 '아첨하는 자의 입은 멸망을 가져온다'는 구절이 있다.
  누군가에게 아첨을 한다는 것은 참 힘든 일이고, 아첨과 아부
는 그만큼 부정적으로 인식되고 있다.

어느 조사에 의하면, 상사들은 이렇게 확신한다고 한다. '상사에게 접근해오는 사원의 70퍼센트는 아첨꾼이다'라고.

그런데 아첨을 그렇게 꼭 나쁘게만 볼 필요가 있을까?

아첨과 아부가 인간관계의 윤활유, 즉 휴먼 릴레이션스(human relations)의 한 수단이라는 것을 인정하는 간부들도 많다. 특히 각 계파간 갈등이 심한 조직에서는 자기 존재를 분명히 할 필요가 있는데, 이때의 방법이 주로 능란하게 아첨을 하는 것이다.

능란한 아첨의 첫째는 자기 상사를 기술적으로 헐뜯고 깎아내리는 것이다.

"부장님, T카페 C양에게 너무 심하게 대하셨습니다. 그런 애를 울리다니, 남자의 수치 아닙니까!"

이렇게 함으로써 다음 단계의 아첨과 더욱 선명하게 대비해서 효과를 배가시키는 것이다. 언뜻 들으면 상대방을 깎아내리는 것 같아도, 사실은 '부장님은 역시 레이디 킬러군요!' 하는 칭찬인 것이다. 이것이 바로 깎아내리는 형태의 아첨이다. '그렇지만 솜씨는 정말 부럽습니다, 부장님!' 하는 다음 아첨을 빛나게 한다.

회사 전체가 사내 워크숍이나 단합대회를 갈 때가 있다. 이때 상사의 눈에 들도록 노력해야 한다. 다같이 온천에 갔을 때 상사의 등을 밀어주는 데 우물쭈물해선 안 된다. 남의 시선을 의식해 망설일 필요가 없다.

"부장님은
역시 킬러 본능을 타고나셨네요!"

언뜻 들으면 상대방을 깎아내리는 듯하지만,
한 번 더 생각하면 칭찬으로 들리게 말하라.
그러면 오히려 화기애애한 분위기가 조성될 것이다.

만약 이때 '저 녀석, 때밀이라도 되는 거야 뭐야?' 하고 조롱하는 친구가 있다면 무시해버려도 좋다. 이런 부류는 마음의 여유나 적극성이 없어서 경쟁에서 밀려나는 것도 시간문제다. 오히려 경쟁해야 할 상대는 똑같이 상사의 등을 밀어주겠다고 나서는 녀석들이다.

상사의 등을 밀어줄 때도 어떤 상사를 밀어주느냐는 선택의 문제가 생긴다. '아군'의 입장을 분명히 할 수 있는 상대를 선택하는 것도 좋지만, 반대로 얼마 후면 적이 될 것이 확실한 사람의 등을 밀어주며 은근히 떠보는 것도 괜찮다.

등을 밀다가 슬며시 '부장님께선 정말 훌륭한 무기를 소지하고 계시군요' 하고 속삭일 줄 안다면 금상첨화다.

유머를 자기 PR 도구로

거대 갑부가 헬리콥터로 플로리다 호텔 옥상에 내리자 수십 명의 직원들이 달려들어 짐을 내렸다.

그런데 짐 가운데 스키가 있는 것이었다. 직원 한 명이 갑부에게 물었다.

"여기는 플로리다입니다. 눈이 내리는 일은 없지요."

"괜찮아. 나머지 짐과 함께 눈이 오도록 할 테니까."

현대 비즈니스맨에게는 자기 PR과 프레젠테이션이 기본이다. 이런 것들을 잘해서 자신의 특기나 능력을 팔고 원하는 대로 업무를 수행할 수 있어야 한다. 회사 입장에서도 그런 액티브한 사원을 필요로 한다.

하지만 서툰 자기 PR에 매달리다 보면 능력을 의심받는 경우가 있다. 이럴 때 유머화술을 무기로 자신을 PR하면 유머감각과 센스를 갖고 있다는 것만으로도 상대방에게 좋은 인상을 심어줄 수 있다.

평소 기억력이 뛰어나다는 것을 내세우고 있던 한 사원이 사장의 호출을 받았다.

"자네, 기억력이 꽤 좋다며? 어머니 뱃속에 있던 때도 기억한다는 소릴 들었는데, 어디 한번 그 얘길 해보겠나?"

"알겠습니다. 그런데 사장님, 그런 최근의 일말고 아버지 속에 있던 때의 이야기는 어떨까요?"

기억력을 자랑하는 또 다른 이야기.

어느 날 과장이 부하직원에게 물었다.

"자네 요즘 근무시간에 눈을 감고 있던데, 무슨 생각을 하는 거지?"

"실은 저, 한번 본 것은 모두 기억하기 때문에 머릿속이 가득 차서 계속 눈을 뜨고 있으면 너무 피곤하거든요. 그래서 가끔 머리를 쉬게 하는 것이죠."

부장이 컴퓨터를 잘 다룬다는 부하직원을 불렀다.

"자네한테 이번에 새롭게 시작하는 소프트웨어 개발 프로젝트를 맡기고 싶은데, 어떤가?"

"지금 당장 대답해야 합니까?"

"응? 아니, 지금 당장은 아니야. 하지만 난 자네라면 생각할 필요도 없을 거라고 믿었는데?"

"실은 집에 제가 만든 컴퓨터가 있는데, 중요한 문제는 언제나 그와 상의해서 결정을 내리거든요."

이렇게 대답하면 두말할 나위 없이 프로페셔널이라고 인정하게 될 것이다.

글로벌 시대인 오늘날에는 외국어 실력도 PR하기가 좋다. 물론 영어나 프랑스어를 줄줄 구사해 보이는 것도 좋지만, 유머감각이 있는 사람이라면 이런 자랑도 가능하다.

"저는 영어, 일어, 프랑스어, 독일어, 스페인어로 침묵을 지킬 수는 있지만 굳이 말을 하라고 하면 영어밖에 할 줄 모릅니다."

언뜻 들으면 겸손한 것 같지만 상당히 센스 있고 자신감 넘치는 PR이 아닐 수 없다.

기죽지 말고 대가처럼

외국 여행을 나갔던 관광객이 고급 양주를 몰래 들여오다가 세
관원에게 들켰다.

"병 속에 들어 있는 게 뭐죠?"

"성 마리아 사원의 성수입니다."

세관원이 병 속에 든 내용물을 조금 맛보더니 화를 내며 관광객
을 다그쳤다.

"성수라고요? 이건 술이잖소!"

관광객이 깜짝 놀라며 소리쳤다.

"맙소사, 성모 마리아님의 성력으로 또 한 번의 기적이 일어났
군요!"

어떤 회사든 몸담고 열심히 노력해서 성과를 내고 자기 성취를 이뤄가는 것이 샐러리맨들의 바람이다. 그러나 그렇게 열심히 일하고도 회사로부터 실력을 인정받지 못한다면 그것처럼 화나는 일도 없다. 하지만 유머리스트는 이럴 때일수록 마음을 넉넉하게 가져야 한다.

인생을 살아가다 보면 별의별 일이 다 있게 마련이다. 더욱이 회사라는 조직 내부의 일 가운데는 자기 맘에 쏙 들고 적성에 맞는 일만 있는 것은 아니다. 그래서 일처리를 제대로 못할 수도 있고, 바보 취급을 당할 수도 있다. 이럴 때 절대 기죽지 말아야 한다.

그래도 이런저런 스트레스가 쌓이고 쌓여 견딜 수 없을 때가 있다. 특히 사소한 실수를 가지고 습관처럼 자기를 헐뜯는 상사나 불평을 늘어놓는 선배가 있다면 더욱! 이럴 땐 그들 앞에서 아주 초연한 태도로 한마디 해줘라.

"아무래도 전 마누라 하난 제대로 얻은 것 같습니다."

그러면 상대방은 무슨 소린지 몰라 황당한 표정으로 당신을 쳐다볼 것이다. 그러면 태연히 중얼거린다.

"귀에 딱지가 앉아서 잔소리 듣는 데는 익숙해졌거든요."

그러나 참다참다 울화통이 터져 도저히 참지 못할 지경이 되거든 이렇게 소리쳐라.

"밖으로 나와!"

그러면 상대방은 '호, 요것 봐라?' 하면서도 마지못해 따라나설 것이다. 이때 밖에 나와서 욕설을 퍼붓거나 폭력을 행사하면 유머리스트가 아니다. 이렇게 말해야 한다.

"휴! 과장님한테 욕먹기도 지쳤습니다. 커피나 한잔 뽑아주십시오!"

유머의 철학은 '부러뜨리지 말고 구부려라', 이것이다.

'역시 난 능력 부족이야,
이러다가 정말 짤리면 어쩌지……,'

업무 관계로 질책을 받더라도 절대 의기소침해하지 마라.
주위 사람들이 당신을 얕잡아보기 전에
가슴을 활짝 펴고 대담하고 여유 있게 응수해라.

고객의 마음을 사로잡아라

프랑스의 어느 준비성 많은 노인이 장의사를 찾아가 관을 보여
달라고 했다.

주인이 소개해준 몇 개의 관을 보고 나서 노인이 물었다.

"이 2,000프랑짜리와 저 3,000프랑짜리는 뭐가 다른 거요?"

"예, 3,000프랑짜리는 안에서 팔을 편하게 뻗을 수 있습니다."

설득은 어떤 비즈니스 분야에서나 중요한 덕목 가운데 하나다.

약국을 찾아간 손님이 발모제 광고를 보고 주인에게 물었다.

"정말 효과가 있을까요?"

"예, 손님 중에는 이 약을 6년 동안이나 애용하고 계신 분도
있을 정도지요."

말 한마디로 고객의 마음을 사로잡는 기술이야말로 실적에 따라 성패가 판가름나는 세일즈맨에게는 최고의 무기다. 하지만 그것은 하루아침에 습득되는 것이 아니다. 타고난 감각을 끊임없이 발굴하고 상대방에게 진심으로 호응하는 마음자세를 갖추어야 한다.

장사를 하기 힘든 경우 중 하나가 질문이 많은 손님.

어떤 레스토랑에서 요리에 대해 일일이 불평하던 손님이 갑자기 웨이터를 불러 물었다.

"이봐요, 이 흰 살 생선이 도미요, 넙치요?"

그러자 웨이터가 이렇게 되물었다.

"손님께서 맛으로 아실 텐데요?"

"모르니까 묻는 것 아니오?"

웨이터가 말했다.

"그렇다면 어느 쪽이든 상관없지 않습니까?"

방문 판매나 각종 외판원에게도 손님을 설득하는 것은 핵심 포인트다. 그런 사람들을 위한 유머화술은 어떤 것이 있을까?

먼저, 소화기 판매원을 위한 유머화술.

"부인, 소화기 한 대 사십시오."

"필요 없어요. 언제 쓸지도 모르는 걸 사두는 것은 돈 낭비예요."

"부인, 걱정 마십시오. 저희는 애프터서비스가 확실하니까, 구입하시면 반드시 며칠 안에 쓰시게 될 겁니다."

다음으로 부동산 세일즈용 유머화술.

한 손님이 공인중개사가 권한 단독주택의 팜플렛을 보고 말했다.

"역에서 20분이나 걸어야 한다니, 너무 멀어요."

그러자 공인중개사는 이렇게 말한다.

"부인 혼자 걸으면 먼 것 같아도 남편분과 둘이 걸으면 10분씩밖에 안 드는데요?"

위기는 기회다

한 여자가 직장에서 근무 중인 남편에게 전화를 했다.

남자 여보, 미안한데 나 지금 너무 바빠서 전화 통화하기 어려워.

여자 당신한테 좋은 소식하고 나쁜 소식이 있어.

남자 좋아. 그럼 지금 시간이 별로 없으니까 좋은 소식만 얘기
해봐.

여자 음…… (자동차) 에어백이 제대로 작동됐어.

몸담고 있는 회사가 어떤 비리에 연루되었다. 분위기가 어
수선할 게 뻔한데, 이럴 때 당황하지 말라니 결코 쉬운 일이 아
니다.

'위기는 기회'라는 말이 있다. 위기를 돌파할 획기적인 묘안

비즈니스 세계에서 위기는 한 단계 더 올라서는 디딤돌이 된다.
그러므로 마음의 여유를 갖고
복잡하게 뒤얽힌 상황을 냉철하게 분석하면서
찬찬히 풀어나가는 지혜가 필요하다.

하나면 당장이라도 분위기를 반전시킬 수 있겠지만, 평사원 주제에 그건 쉬운 일이 아니다. 관계 회사나 이해 당사자들과 연줄이 닿거나, 회사 경영의 흐름을 확 틀어줄 정도의 실력자라야 가능한 이야기다.

그렇다고 완전히 넋을 놓고 있을 순 없다. 어찌됐든 현 상황을 분석해봐야 한다.

회사의 부정과 비리는 어느 정도일까? 그것이 법에 저촉되는 경우, 회사는 어느 정도의 타격을 받을 것인가? 현재의 부실 정도와 매출에 미치는 영향은? 이런 것들은 회사 임원이나 간부가 아니라도 주의 깊게 들여다보면 금방이라도 알 수 있다.

그런 사태를 분석하고 나서 크게 한번 심호흡을 해보는 것이다.

설사 '이 회사는 글렀어'라는 결론이 내려지더라도 크게 당황

할 필요는 없다. 조용히 앞으로의 처신을 생각해야 한다.

'내가 하던 일을 계속할 다른 회사는 없을까?', '라이벌 회사라도 들어가야 하나?', '이번 기회에 아예 다른 분야로 뛰어들어?', '이 달부터 당장 월급이 끊길 텐데, 생활비는 어떻게 해결해야 하지?'…….

이 정도까지 생각이 미치면 속으로 한결 마음의 여유가 생긴다. 이것이 바로 유머의 힘이다.

유머의 장점 중에는 세상의 비애를 냉정하게 꿰뚫어보는 눈도 있기 때문에 위기 속에서도 마음의 여유를 가질 수 있다. 그렇게 되면 이번에는 유머가 거꾸로 그 위기에 대처할 수 있는 넉넉한 방법을 만들어줄지도 모른다.

세계적인 컨설턴트 데일 카네기의 말은 복잡하고 비정한 세상을 긍정적으로 살아가는 데 큰 힘이 되어준다.

"마음속에서 즐거운 듯이 만면에 웃음을 띄워라. 어깨를 쭉 펴고 크게 심호흡을 하자. 그러고 나서 노래를 부르자. 노래가 아니면 휘파람이라도 좋다. 휘파람이 아니면 콧노래라도 좋다. 그래서 자신이 사뭇 즐거운 듯이 행동하면 침울해지려 해도 결국 그렇게 안 되니 참으로 신기한 일이다."

술자리를 이용한다

A 자넨 술과 여자 중에 어느 쪽이 좋은가?

B 돈!

클럽이나 바 등에서 술을 마시다 보면 뜻하지 않은 사람을 만나게 된다.

어느 날 저녁, K는 바에서 술을 마시고 있다가 바로 옆자리에 앉은 사람이 태연히 손을 뻗어 자기 앞에 놓인 안주를 집어가는 것을 보고 깜짝 놀랐다. 틀림없이 악의가 아닌 실수였다. 그러나 '이거, 미안합니다'로 시작해서 이야기를 나누다 보니 놀랍게도 그가 같은 고향 사람이라는 사실을 알게 되었다. 두 사람은 한참 동안 이야기꽃을 피우다가 근처 포장마차로 가서 2차

평소에 팽팽하던 긴장관계도 술자리에서는 쉽게 풀어진다. 하지만 다른 사람의 자존심을 건드리는 말로 즐거운 분위기를 깨뜨리거나 흐트러진 모습을 보이면 다음날 후회만 남게 된다.

까지 하게 되었다.

평생을 살아도 정상적인 루트로는 만날 수 없는 사람과 뜻하지 않게 만나 쉽게 가까워지는 예는 드물지 않게 찾아온다. 또한 그것이 출세의 실마리가 되는 경우도 있다. 물론 더러는 술이 깼을 때 둘이 주고받았던 이야기를 상기하면서 '그 친구 좀 미심쩍은 구석이 있어' 하고 경계하는 경우도 있으니 상황 판단을 잘해야 한다.

술김에 호승심이 동해서 '이봐, 자네 오늘밤 저 여자를 좀 어떻게……' 하는 식으로 거북한 역할을 맡겨도 어쩔 수가 없다. 그 결과가 멋진 성공으로 귀결될지, 아니면 모가지가 위태로울지는 나중에 알게 될 테니까.

위기 탈출

노사의 임금인상 협상.

조합 대표가 눈물을 흘리는 전술로 사장에게 애원했다.

"사장님, 어떻게 좀 해주세요. 지금 월급으로는 아내와 도저히 생활할 수가 없답니다."

"좋아, 알았네. 내가 그 이혼 이야기를 마무리지어주지."

비즈니스 세계에서 거절하는 방법을 모르면 손해를 보게 된다. 언제 떨어질지 모르는 좌천과 퇴출의 칼날 속에서 살아남고자 한다면 반드시 유머화술을 몸에 익혀 거절하는 법을 익혀두어야 한다.

한직으로 물러난 지 얼마 지나지 않은 박 과장이 어느 날 이

사의 호출을 받았다.

"어떤가, 슬슬 젊은 친구들에게 자리를 양보하지 않겠나?"

"예, 그렇게 하지요."

"오, 그래. 그렇게 해주겠나?"

"다만 전 뒷정리를 깨끗하게 해야 직성이 풀리는 사람입니다. 지금 하고 있는 일만은 깨끗이 마무리짓고 싶습니다."

"응, 그건 그래. 그런데 그 일은 언제쯤 끝나겠나?"

"앞으로 한 10년 후면."

뜻밖의 전근 명령에는 다음과 같은 유머를 구사할 수 있다.

"자네 다음달부터 지점으로 가주지 않겠나?"

"하지만 제 말이……."

"해외도 아닌데 말이 무슨 걱정인가?"

"아니요. 그런 말이 아니라, 제가 그곳에 가면 무슨 말을 하게 될지 제 자신도 자신이 없어서 그럽니다. 예를 들어 부장님과 경리부 P양의 일이라든가……."

"이봐! 목소리 좀 낮추게."

유머도 연기력이 필요하다

존슨이 지각하던 날 부장이 기다리고 있다가 쏘아붙였다.

"이봐, 오늘은 무슨 핑계를 댈 텐가?"

존슨이 변명을 늘어놓았다.

"휴! 오늘 아침엔 정말 일이 꼬였어요. 제 아내가 날 역까지 데려다주기로 하고는 10분 만에 나왔죠. 근데 우리 차 바로 앞에서 도개교(跳開橋)가 열리지 뭐예요? 하는 수 없이 전 냅다 강물로 뛰어들어 헤엄을 쳤지요. 그래도 늦을 것 같아서 헬기를 불러 타고 옆 방송국 건물 옥상에 내린 다음 거기서 번지점프로 지금막 온 거예요."

이에 상사가 코웃음을 치며 말했다.

"이봐, 거짓말을 하려면 똑바로 해. 세상에 10분 만에 준비를 끝내는 여자가 어땠나?"

어쩌다 한번 지각했다면 무슨 변명이든 할 수 있다. 그러나 이것이 거듭되고 상습범이 되다시피 하면 변명을 하기도 힘들어진다.

이때 진짜 이유를 늘어놓거나, 머리를 너무 조아리면 오히려 상대방의 기가 올라 언성을 높일 수 있다. 그러면 이쪽에서도 그만 기분이 상하고 만다. 어찌됐든 무마시키려고 노력하는데도 믿어주지 않고 잔소리만 늘어놓다니…….

그러나 아무리 답답해해도 소용이 없다. 엄연히 잘못을 한 사람은 이쪽이지 않은가?

이런 경우에는 화를 내고 있는 상대방을 유머리스트로 만드는 수밖에 없으며, 그러기 위해서는 당신이 먼저 유머리스트가 되어야 한다.

이런저런 변명도 통하지 않는 난처한 입장이 되어, 지금 상황을 모면하고 싶을 때는 어떻게 하는 게 좋을까?

이때는 좀 모자란 듯이 행동하는 것도 하나의 방법이다. 상대방으로 하여금 '이 친구 바보 아냐?' 해서 스스로 우월한 느낌이 들게 해 적당히 충고하다 말게 한다.

또 슬그머니 화제를 바꾸는 것도 좋은 방법이다. 평소 생각해 두었던 그럴듯한 아이디어를 이때 써먹는 것이다.

상대방에 따라, 그리고 상황에 맞게 말하고 행동하려
면 많은 경험이 필요하다. 능글맞게 굴어야 쏟아지는 소나기를
피할 수 있는가 하면 진심에서 우러나오는 말로
상대방을 설득해야 하는 경우도 있다.

그리고 상대방이 말귀를 알아들을 정도가 되는 경우에는, 농
담조로 변명하되 자기가 진심으로 사과하고 있음을 암시한다.

아무리 유머러스한 사과를 한다 해도 이쪽에서 진심으로 미
안해하고 있다는 것이 전해지지 않으면 효과가 없을 뿐더러 유
머도 되지 않는다. 유머에 연기력이 필요한 까닭이다.

변명형 유머화술

🥭중년 남자

남자 나이 40~50이 되면 마음속에서 금욕주의자 아니면 호색한이
되게 마련이다.

중년의 남자가 예쁜 여자를 보는 눈은 늙은 사자가 얼룩말을 바라보
는 것과 비슷하다.

왜……?

잡아먹기가 힘들어서.

🥭콧노래

근무시간에 콧노래를 부르던 사원이 부장에게 걸렸다.

"이봐! 어디서 콧노래를 하는 거야. 여긴 엄연히 직장이라고."

"부장님, 죄송합니다. 갑자기 좋은 기획이 떠올라서 그만……."

"그래? 그래 어떤 기획이지?"

"아, 그게요…… 부장님이 갑자기 소리를 지르는 바람에 까먹었는데요."

☻더 이상은 무리

회사 안을 언제나 100미터 트랙 달리듯이 왔다갔다하는 사원을 상사가 꾸지람했다.

"이봐. 자네 그 걸음걸이 어떻게 좀 해야 하지 않겠나?"

그러자 사원은 이렇게 대꾸했다.

"과장님, 이 이상 빨리 다니는 건 무리예요."

☻크리스털

백화점 유리 매장에서 여자 판매원이 실수로 고급 유리컵을 떨어뜨려 깨뜨려버렸다.

상사가 얼른 뛰어와 소리쳤다.

"아니, 이건 10만 원이 넘는 크리스털 제품이야."

여자 판매원이 말했다.

"죄송해요. 하지만 아까부터 손님이 컵이 진짜 크리스털 맞느냐고 자꾸 묻기에 증명해 보이려고 그만……."

☻일부러

회사에서 중요한 회계 서류를 담당하는 직원이 어질러진 책상 때문에 서류를 찾는 데 애를 먹었다.

서류가 산더미처럼 쌓여 있는 그의 책상을 보고 상사가 화를 냈다.

"자네 책상은 왜 이렇게 지저분한가?"

그 말에 직원이 고개를 흔들며 대답했다.

"당치도 않아요. 중요한 서류를 도둑맞지 않으려고 일부러 이렇게 난해하게 해놓은 겁니다."

☻홧김에

거래처를 방문한 부장과 대리가 중요 서류를 챙겨들고 돌아가는 길에 부장이 대리에게 서류를 건네주며 말했다.

"내일 반드시 회사로 갖고 나오게. 가다가 술 한잔한답시고 잃어버리면 안 돼."

하지만 술을 좋아하는 대리는 부장의 말을 무시해버렸다. 몇 차까지 술을 퍼마신 끝에 그 중요하다는 서류를 분실했다.

다음날 아침 겨우 정신을 차린 대리가 부장에게 서류를 분실했다고 실토했고, 부장은 불같이 화를 냈다.

"그렇게 다짐을 했는데도 서류를 잃어버릴 정도로 술을 퍼마셨단 말인가!"

"천만에요. 전 서류를 잃어버릴 정도로 마시지 않았습니다."

"그럼 그 술 냄새는 뭐야?"

부장의 채근에 대리가 말했다.

"이건 중요 서류를 잃어버렸기 때문에 홧김에 퍼마신 거예요."

☻차이

한 여자가 도로를 무단횡단하다가 그만 덤프트럭 밑에 깔렸다. 급히 119가 출동해 기중기로 트럭을 들어올린 덕분에 20분 후 여자를 극적으로 구조할 수 있었다. 다행히 그녀는 상처 하나 없이 무사했다.

이때 옆에서 구경하고 있던, 배가 남산만한 임신부가 한마디했다.

"아가씬 참 운도 좋으셔. 20분간이나 깔려 있었는데도 무사하니 말이에요. 난 덤프트럭 운전사에게 5분밖에 깔리지 않았는데도 이 모양이 됐지 뭐예요."

☻오늘

S부부가 모처럼 나란히 거실 소파에 앉아 TV 화면의 낭만적인 장면을 보고 있었다. 그것은 한 쌍의 남녀가 처음 만나고, 첫 키스와 함께 남자가 청혼을 했던 지난날들을 즐겁게 회상하는 장면이었다.

그런데 남편이 갑자기 '오늘이 며칠이지?' 하고 물었다.

S는 남편이 자신들의 특별한 날을 떠올리나 보다 싶어 잔뜩 기대하며 물었다.

"그건 왜요?"

"그냥, 오늘이 재활용품 버리는 날이 아닌가 해서."

"……."

☻때린 이유

술만 마셨다 하면 주벽이 심한 직원이 부서 회식 자리에서 과장의 머리를 때려 기절시켰다.

이튿날 머리에 붕대를 감고 출근한 과장이 그 직원을 불러 말했다.

"자네, 어제 일을 기억 못한다고 하진 않겠지?"

그러자 그 직원은 전혀 사과하는 기색도 없이 이렇게 대답했다.

"기억하고 말고요. 과장님이 갑자기 기절하셔서 제가 과장님을 깨우려고 머리를 쳤지요."

☺가불

회사에서 자주 가불하는 사원이 또 부장에게 매달리는 것이었다.

부장이 말했다.

"또? 대체 어떻게 된 건가? 자네 돈 씀씀이가 너무 헤픈 것 아닌가?"

그러자 사원이 진지한 얼굴로 대꾸했다.

"아니요, 그렇지 않습니다. 월급은 손도 대기 전에 없어져버려 헤플 사이도 없는 걸요."

☺전근

상사가 업무능력이 한참 뒤떨어지는 사원을 불러 전근을 통고했다.

"자네, 다음주부터 지방 영업소로 가주지 않겠나?"

사원이 깜짝 놀라며 말했다.

"예? 아니, 부장님은 제 능력을 그런 곳에 묻어둘 작정이십니까?"

부장이 말했다.

"능력을 묻어두다니? 난 자네가 부디 그런 마술을 영업소에서 실현해 보이길 원하네. 그걸 가까이서 지켜볼 수 없다는 것이 안타깝군."

🍂토론

이제 일곱 살 난 영수가 엄마한테 혼나고 엉덩이까지 얻어맞았다.
그런 영수가 엉엉 울어서 눈까지 빨개져 방에서 나오다가 때마침 퇴근하는 아버지와 마주쳤다.
"너 왜 그러니? 넘어져서 어디 다치기라도 했니?"
영수가 말했다.
"아니, 아빠의 부인과 잠시 토론했어."

🍂응시자

모 출판사 채용 광고를 보고 한 젊은 남자가 이력서를 들고 찾아왔다.
면접관인 편집자가 그에게 물었다.
"그런데 당신이 근무하던 출판사와 우리 출판사는 발행하는 책 내용이 전혀 다른데, 그 점은 괜찮겠습니까?"
남자가 말했다.
"예, 전혀 문제없습니다. 전 출판사에서 근무 중에 이 회사의 책만 읽고 있다가 파면됐으니까요."

🍂출산 축하

같은 부서 동료가 아이를 출산하자 직원들이 뜻을 모아 축하선물을 해주기로 했다.
한 친구가 축하금을 모으는데, N이 입을 쭉 내밀고 말했다.
"그 친구 부인이 아기를 낳았는데 왜 내가 돈을 써야 하지? 난 그 부인한테 아무 짓도 하지 않았다고."

☻껌

비행기 여행 중에 있었던 일.

승무원이 승객들에게 껌을 나눠주면서, 비행기가 하강할 때 그것으로 고막에 느껴지는 압력을 덜 수 있을 거라고 말했다.

그런데 비행기가 착륙한 후, 한 여자 승객은 귓속에 달라붙은 껌을 떼어내느라고 한 시간이나 고생했다고.

☻6일

한 남자가 재단사에게 맞춤양복이 너무 오래 걸린다고 투덜댔다.

"6일이나 걸리다니? 이봐요! 이 세상도 6일 만에 만들어졌다고."

"알아요. 그러니까 세상이 이 모양이 꼴이죠."

☻달아난 이유

병원 직원이 기진맥진한 환자에게 물었다.

"왜 수술실에서 달아났죠?"

환자가 가쁜 숨을 몰아쉬며 말했다.

"글쎄, 간호사가 '겁먹지 마세요! 맹장 수술은 아주 간단하니까요' 하지 않겠어요!"

"그래서요?"

"그래서라뇨? 아, 그 간호사가 의사한테 그러더란 말예요!"

☻양복점에서

어떤 신사가 백화점의 양복 매장에서 재킷을 입어보다가 점원이 심하게 매달리자 그만 사고 싶은 마음이 뚝 떨어졌다.

그런데도 눈치 없는 점원은 끈질기게 매달렸다.

"손님, 그걸 입으시니 5년은 젊어 보이네요."

그러자 신사는 재킷을 벗으며 이렇게 대꾸했다.

"그럼 이 옷을 벗을 때마다 다섯 살 늙어 보이겠군. 그럼 곤란하지."

😊 남편은 골프광

거의 광적으로 골프를 즐기는 남자가 있었는데, 주말이나 휴일만 되면 골프장으로 내달리기 바빴다.

그날도 남자가 골프를 치려고 어김없이 집을 나섰는데, 날씨가 너무 추워서 도저히 발길이 떨어지지 않았다. 그래서 다시 집으로 돌아가서 옷가지를 벗고 그때까지 늦잠에 빠져 있던 부인 옆으로 파고들며 속삭였다.

"으, 오늘 날씨 정말 춥다!"

그러자 부인은 이렇게 대꾸하는 것이었다.

"그렇죠? 그런데도 골프에 미친 우리 남편은 필드로 나갔다고요!"

😊 질투

"이봐요, 미스 박."

어느 날 갑자기 회사에 들이닥친 사장 부인이 경리부 여직원에게 말을 걸었다.

"미스 박 생각은 어때? 사장님이 암만 해도 이번에 새로 입사한 여비서랑 이상한 것 같지 않아?"

그러자 경리부 여직원은 얼굴이 하얗게 질려서 이렇게 대꾸했다.

"어머, 사모님도! 괜히 그러시네요. 그런 말씀으로 제게 질투심을 갖게 하시려는 거죠?"

☻영화관에서

중년 부부가 모처럼 영화를 보러 갔는데, 스크린에 농후한 키스 신이 전개되었다.

그것을 본 부인이 자기 남편의 귓가에 대고 속삭였다.

"나한테도 가끔은 저렇게 해줘요."

그러자 남편은 이렇게 대꾸했다.

"저렇게 열심히 연기한 남자 배우에게 제작자가 얼마나 큰돈을 지불하는지 당신은 모르고 있나 보군!"

모임 참석을 즐긴다

팔레스타인 지역을 여행하던 관광객 일행이 갈릴리 호수에 도착했다.

가이드가 말했다.

"작은 보트로 이 호수를 건너는 데 50달러를 받습니다."

관광객이 불평했다.

"너무 비싸군요."

"손님, 여긴 역사적으로 유명한 호수라는 점을 아셔야 합니다."

"그건 알지만, 그래도 너무 비싸잖소?"

"예수님께서 이 호수 위를 걸어서 건너가셨단 말예요."

"뱃삯이 이렇게 비싸니 물 위를 걸을 수밖에!"

사람들 중에는 여럿이 모이는 것을 지독하게 꺼리는 사람이 있다. 심하게 말해 '단체공포증'을 앓는 사람이다. 원래부터 사람을 기피하는 '정신분열형' 인간으로, 자기를 남들 앞에 드러내기를 두려워하는 성격의 소유자다.

그러나, 정신과 신세를 겨야 할 정도로 치명적인 공포를 앓는 사람이 아니라면 모임을 회피할 필요가 없다. 대부분의 모임은 자기 개성이나 특징을 부각시킬 수 있는 절호의 기회이므로 즐거운 마음으로 참여해야 한다.

모임은 건전한 인간관계 형성의 장이다. 또 출세의 기회이고, 특히 회사 간부 부인들이 참석하는 모임은 젊고 패기만만한 당신의 모습과 날쌔고 열정적인 모습을 보여줄 수 있는 기회이므로 절대 놓쳐서는 안 된다. 이런 자리에서 연상의 상류계층 여인과 미소라도 나눈다고 상상해보라. 이보다 더 흥미진진한 일이 있겠는가?

이런 모임에서는 평소에 보기 힘들거나 낯선 얼굴과도 마주해야 하기 때문에 적잖이 따분할 수도 있다. 그렇기 때문에 오히려 밝은 표정을 연습할 수 있는 최적의 훈련장이 된다.

탤런트와 보통사람의 가장 큰 차이점은 무엇일까? 그들은 겁이 없다는 것이다. 낯이 두껍고 뻔뻔하다. 그래서 항상 마음의 평온함을 유지하고 있다.

자기가 왠지 모임에 어울리지 않는다고 생각할 필요는 없다.

혼자 있는 시간이 즐겁다고
자꾸만 구석으로 틀어박히려 하지 마라.
자신도 모르는 사이에 대인기피증과 우울증이 생겨나
조직생활에 적응하기 힘들어진다.

처음에는 누구나 다 그렇고, 익숙하지 않아서 그런 느낌이 드는
건 당연하다. 또 지나치게 경직되어 딱딱하게 굴 필요도 없다.
설사 다른 참석자들에 비해 여러모로 뒤처져 보일지라도 일종
의 '경박함'을 체득하고 있어서 손해될 것은 없다. 그런 다음에
는 저절로 유머가 생겨날 것이다.

멋진 결혼 축사

멋진 아가씨와 교제하던 수철이 마침내 그녀에게 청혼했다.

"나와 결혼해주겠어?"

여자가 수줍어하는 척하며 말했다.

"예. 밍크를 사주신다면 말예요."

수철이 잠시 생각하다가 입을 뗐다.

"좋아, 그렇게 하지. 단, 한 가지 조건이 있어."

"그게 뭐죠?"

"당신이 밍크 우리를 깨끗이 청소한다는 조건이야."

언뜻 뻔해 보여도 결혼할 사람을 치켜세울 줄 알아야 한다.
그리고 이때의 요점은 '짧고, 센스 있고, 심금을 울리는' 것이어야 한다.

'결혼을 축하하며 앞날에 사랑과 행복이 가득하시길' 따위의
덕담은 이미 주례가 신랑신부에게 해주었으므로 덧붙여봐야
재미가 없다. 너무 뻔하고, 그게 그거 같아서 상대방의 머릿속
에 남지 않는다.

'짧은 것'은 상대방도 원하는 바다. '센스 있게'는 독특함을
말한다. 누구나 공감할 수 있으며, '그런 말도 있었던가?' 하고
귀담아들을 만한 내용이어야 한다.

축하를 해준답시고 엉뚱한 소리로 분위기를 이상하게 만드
는 것도 좋지 않지만, 그런 우려 때문에 지레 겁부터 집어먹고
주저할 필요는 없다. 누가 뭐래도 당신은 유머리스트니까!

여기서 잠깐, 결혼과 관련된 짧고 인상적인 명언을 옮겨보자.

● 결혼생활은 긴 대화이다. -니체

● 참다운 뜻에서 연애의 시작이다. -괴테

● 많은 고통이 있지만, 독신에는 아무런 즐거움이 없다.
  -사뮤엘 존슨

● 결혼에서 너무 행복을 기대하여 그대 자신을 기만하지 마라.
  나이팅게일은 봄 몇 달 동안은 울지만, 알을 품게 되면 일반
  적으로 울지 않는다는 것을 명심하라. -토머스 풀

● 결혼행진곡은 늘 나에게 전투에 나가는 병사의 행진곡을 떠

올리게 한다. -하이네

● 하느님이 최초의 여자를 남자의 머리로 만들지 않았던 것은 남자를 지배해서는 안 되기 때문이다. 그리고 발로 만들지 않았던 것도 그의 노예가 되어서는 안 되기 때문이다. 늑골로 만든 것은, 그녀가 언제나 그의 가슴 가까이에 있도록 하기 위해서다. -『탈무드』

능숙한 조문

장례식에서 돌아온 남편이 부인을 침대로 끌어들였다.

아내 이건 좀 지나친 거 아녜요? 방금 외삼촌 장례식을 마쳤는데?

남편 그래서 검은 콘돔을 사왔어.

인간이라면 누구도 피할 수 없는 일이지만, 조문(弔問)이라는 것은 확실히 누구에게나 거북하다. 제법 진지한 체하지만 가식적이라는 사실을 본인도 알고 있고, 남이 보기에 꼭 자기가 거짓말쟁이라도 된 듯이 낯간지러워진다.

흔히 조문객이 말을 건네는 도중에 '허 참' 하고 의미 없는 웃음을 흘리는 경우가 있다. 본인은 잘 모르겠지만 이건 큰 실례다.

조문을 할 때는 가능한 한 굳은 표정으로, 제삼자가 볼 때 언뜻 비인간적으로 보여 꼴이 좀 이상해 보이더라도 정중한 표정을 고수하는 것이 정석이다. 평소 활동적이고 남을 잘 웃기는 사람이라면 더욱 그렇다. 얼굴만 봐도 웃음이 나오는 사람을 장례식장에서 만나더라도 철판을 깔아야 한다. 때로는 웃음을 참는 유머도 필요하니까.

먼저 고인에게 예를 표한 다음에 상주 앞에서 진지한 목소리로 "헤아릴 길이 없습니다" 하고 말하면 그만이다. '무엇을 헤아린단 말인가?' 따위의 멋없는 질문에는 대답할 필요도 없다.

부친을 잃은 사람에게는 "저도 아버님을 잃은 기억이 있습니다", 혹은 "망극한 일을 당하셔서 어떻게 말씀드려야 좋을지 모르겠습니다" 정도면 충분하다. 속으로야 '비로소 자네의 시대가 왔군!', '유산이 얼마나 되지?' 하는 생각이 들더라도 엄숙한 표정으로 고인을 잃은 슬픔을 위로하면 되는 것이다.

조문에 익숙해진 사람은 안타까운 표정을 고수하며 입으로 뭐라 가볍게 중얼거리고 만다. 그러면 되고 상주도 이해한다.

인간은 한 사회의 일원으로 불가분한 인간관계 속에서 한 고리를 형성하고 있다. 죽음이라는 인생 최대의 사건 앞에서도 진지한 얼굴을 한 유머로 서로의 심중을 알아볼 수 있다.

"정말 믿어지지가 않는군요."

"한때의 고비를 넘기셨다고 해서 안심하고 있었는데……."

평소에 활동적이고 남을 웃기는 데 일가견이 있는 사람이라도
조문을 할 때는 진심으로 슬퍼하고 예의를 지켜야 한다.

"최선을 다하셨는데, 정말 안됐습니다."

"훌륭한 선배님을 잃은 것 같아서 도무지……."

"인생의 무상함이 느껴지는군요."

"이제부터 책임이 무거워지시겠군요. 제가 도움될 만한 일이라면 무엇이든……."

반면에, 삼가야 할 일도 있다.

유족을 붙잡고 계속해서 말을 시키는 것은 실례가 된다. 고인의 사망 원인, 경위 등을 세세하게 캐묻는 것도 삼가야 한다. 또 장례식장에서 반가운 친구나 아는 사람을 만나더라도 큰 소리로 이름을 부르지 말아야 한다.

유머는 마음을 화장하는 것이다.

때로는 멍청하게 굴고, 상대를 빈정거리며, 스스로를 우롱한다. 또한 톡 쏘는 독설 한마디로 상대방을 굴복시키기도 한다. 그리고 크나큰 슬픔을 당한 사람 앞에서는 마음의 여유를 가지고 조문의 예를 다해야 한다.

칭찬을 아끼지 않는다

아리따운 여직원이 새로 산 목걸이를 하고 출근했다. 젊은 남자
가 넌지시 그녀에게 속삭였다.

"부러운데요."

"어머, 뭐가요?"

"그 목걸이."

"이거, 그냥 싸구려 이미테이션이예요."

"그래도, 이렇게 어여쁜 사람 목에 감겨 있을 수 있다니……."

여자에게 칭찬할 때는 진심이어도 왠지 몸이 간지러워진다.
더구나 제삼자가 듣기에는 경박하고 한심한 소리만 늘어놓고
있는 꼴이라니! 그러나 만일 당신이라면 씩 웃을 수 있는 유머

감각을 지니고 있을 것이다.

'칭찬은 고래도 춤추게 한다'고 했던가? 하물며 자기가 사랑하는 사람에게 하는 칭찬인 다음에야! 남 눈치볼 것 없이 당당하게 하는 것이 좋다.

'제 눈에 안경'이라고, 마음에 드는 여성을 칭찬할 때면 과장된 표현을 하게 되는데, 크게 신경 쓰지 않아도 된다. '천사처럼 아름답다'는 미사여구를 사용했다고, 그녀가 자기를 진짜 천사로 착각하지는 않는다. 하지만 속으로는 벌써 기분이 좋아졌고, 당신을 달리 볼 것이다. 왜냐하면 칭찬이야말로 사람을 움직이는 '마법의 지팡이'니까.

칭찬을 아끼지 마라. 인간은 누구나 마음 깊은 곳에 칭찬에 굶주려 있다.

그리고 '과장'은 유머나 그밖의 웃기는 이야기에서 널리 쓰이는 테크닉이다.

여자를 칭찬할 때는 과장법을 아끼지 마라!

칭찬은 떳떳하게

정신병 환자가 담당의사에게 말했다.

"선생님은 이제껏 제가 보아온 어떤 의사보다도 훌륭한 의사라고 생각합니다."

"정말 고맙군요. 근데, 그 이유를 물어봐도 되겠습니까?"

"다른 의사들과 달리 선생님은 저와 비슷한 점이 많은 것 같아요."

남을 칭찬할 때의 쑥스러운 기분은 칭찬을 받을 때의 기분과 정반대다. 대충 아무렇게나 칭찬했다간 '이 아첨꾼이!' 하고 무시당할 우려가 있다. 더구나 다른 사람이 함께 있을 경우 대놓고 남을 칭찬하는 것만큼 낯간지러운 일도 없다.

그러나 이런저런 상황에 일일이 구애받는 것은 떳떳하지 못하다. 당당하게 상대방의 장점과 성공을 큰 소리로 칭찬할 수 있어야 한다. 다만 생각 없이 지껄이는 듯한 인상을 주면 가벼운 사람 취급을 받게 되므로 최대한 진지한 얼굴로, 신념을 가지고 칭찬해야 한다.

'저도 언젠가 한 번쯤 그런 일을 해보고 싶습니다'라든가, '부장님은 제가 동경하는 타입입니다' 정도는 태연하게 말할 수 있어야 한다.

사람들은 누구나 다른 사람의 인정을 받고 싶어한다. 남의 좋은 점만 보고 기회 있을 때마다 칭찬해주기로 결심한다면, 상대방은 기분이 무척 좋아질 것이고 우리도 그 덕을 보게 될 것이다.　　　　　　　　　　－앤드류 매튜스

선물을 잘 하는 비결

한 젊은이가 자기 애인의 생일날에 진주 목걸이를 선물하고 나서 귓가에 속삭였다.

"미안해. 멋진 수입차라도 한 대 사줄까 했지만, 차를 목에 걸고 다닐 수는 없잖아?"

받는 사람은 기분 좋겠지만, 사실 선물이란 것이 얼마나 성가신지는 다들 공감할 것이다. 비용도 그렇지만 선물을 고르는 데도 여간 신경이 쓰이지 않는다. 머리에 금방 떠오르는 것은 너무 흔한 것이어서 다른 이들의 선물과 겹치는 경우가 많고, 때로는 쌍방 답례품처럼 느껴지기도 한다. 그래서 요즘 부담 없이 주고받는 것이 바로 상품권이다.

선물을 할 때, 실용적인 생활용품 이외의 것은 받는 사람이 마음에 들지 않으면 교환할 수 있는지를 확인해보는 것도 좋은 방법이다.

한 남자가 친구 결혼 축하선물로 침대 시트를 보냈다. 그리고 나중에 그 부인으로부터 '매일 밤 잘 쓰고 있어요'라는 인사를 받고 얼굴이 뜨거웠다는 얘기가 있다. 그러나 이 정도라면 괜찮다. 어차피 친한 친구끼리의 애교 넘치는 선물이라고 볼 수 있으니까.

또 결혼 축하선물로 피임기구 한 세트와 남녀의 체위가 그려진 트럼프를 보내는 사람도 있다. '오늘밤에 어떤 체위를 해야 좋을지 카드를 뽑아 결정하도록'이란 메모까지 곁들여서. 심술퉁이 죽마고우끼리 통하는 유머다.

값은 좀 비싸지만, 압력밥솥을 사보내면서 '폭발할 것처럼 뜨겁게'라는 카드를 곁들이는 사람도 있다. 또 빵을 굽는 토스터를 보내면서 '아주 익어버리기 전에 튀어나와라'라고 적기도 한다. 발렌타인 데이 때 애인에게 초콜릿을 선물하면서 '사실은 나도 먹어줬으면 좋겠어'라는 메모를 넣는 신세대도 있다.

이처럼 유머가 깃든 메모를 첨부해서 받는 이의 기분을 유쾌하게 해주는 것도 선물의 가치를 배가시키는 방법이다.

사례도 당당하게

사람들 틈에서 젊은 남녀가 어깨를 부딪혔다.

남자 아, 실례했습니다.

여자 아니에요. 제 잘못인 걸요.

남자 아닙니다. 이건 순전히 제 잘못입니다!

여자 ……? 무슨 말씀이신지?

남자 제가 당신의 미모에 한눈을 파는 바람에 그만……. 대신
에 사과의 의미로 제가 커피라도 한잔 사면 안 될까요?

남에게 친절을 베풀었을 때 인사치레라도 사례를 받는 경우
가 있는데, 이럴 때는 당당해야 한다. 물론 사례를 당연시하라
는 얘기는 아니다. 사례는 받아도 좋고 때로는 그렇지 않은 것

남에게 친절을 베풀었으면 끝까지 웃음을 잃지 말고 다정하게 대해줘라. 무뚝뚝한 자세로 자신이 베푼 선의를 퇴색시키지 말고 상대방의 사례를 겸손하게 받아들이는 마음의 여유를 가져라.

이 좋을 때도 있지만, 그것은 2차적인 문제다.

친절이나 선행을 베풀고 인사를 받게 되면 아무래도 멋쩍어지게 마련이지만, 그 정도의 쑥스러움은 참아야 한다. 그것이 자기 자신에게도 여유를 갖게 해준다.

길 가는 노인을 도와주었을 때, 상대방이 고맙다며 다른 사람들 앞에서 고개를 숙이면 몸둘 바를 몰라하게 된다. 그러나 이때도 되도록 당당하게 처신해야 한다. 남을 돕는 선행을 베풀어놓고 '뭐, 별것도 아닌데요' 하는 태도는 겉으로 보기에 겸손한 듯해도 한 꺼풀 벗겨보면 불손이며 자만이다.

영어의 'Thank you for thank me'라는 말은 '고맙다고 말해줘서 고맙다'는 뜻으로 우리 식으로는 '천만에' 정도로 해석되지만, '기뻐해주니 나도 기쁘다'라는 뜻도 된다.

고맙다는 인사를 듣고도 무뚝뚝한 태도를 취하면, 오히려 친절을 베푼 사람의 인간성에 한계가 있다고 보여진다.

감사의 말을 받았을 때, 유머리스트라면 이렇게 대답할 수 있어야 한다.

"그래요? 이 정도 일이라면 앞으로도 종종 애용해주세요."

아리따운 아가씨의 손이 전철 문에 끼어 있는 것을 발견하고 닫힌 문을 열어 손을 빼주었다. 도움을 받은 여자가 연신 머리를 조아리며 고마워하자 청년은 위로하는 듯 그녀의 손을 쥐고 말한다.

"아, 드디어 오늘 사랑스런 여인의 손을 잡아보았네!"

한 여자가 필기도구가 없어 난처해할 때 청년이 자기 볼펜을 빌려준다. 여자가 고맙다고 인사하자 그는 이렇게 말한다.

"그냥 쓰세요. 근데 한 자루 더 드리면 또 얼마나 듣기 좋은 말을 해주실 거죠?"

독설

여행 중인 한 남자가 시설이 형편없는 어느 여관에 들었다.

남자가 이런 곳에서는 바가지를 쓸 수 없다고 생각하고 주인에게 물었다.

"이 돼지우리에서 하룻밤 자는 데 얼맙니까?"

이에 주인이 하는 말.

"한 마리에 2만 원이오."

모든 사람들을 상냥하고 친절하게 대하는 것이 기본이지만, 그렇다고 마냥 헤헤 웃는 표정을 지으면 손해를 본다. 사람이라면 매운 말 한마디 정도는 할 줄 알아야 한다. 늘 점잖기만 하면 줏대 없는 사람으로 오해받기 십상이다.

평소에는 친절하고 온화해 보여도 꼭 필요할 때 따끔한 말 한 마디로 상대방을 움츠리게 만들 수 있고, 그러면 남들도 당신을 다시 보게 된다. 그리고 한 걸음 더 나아가 평소의 온화하던 인품이 더욱 훌륭해 보인다.

그렇다고 시도 때도 없이 먼저 언쟁을 벌이라는 말이 아니다. 평소 마음에 들지 않는 사람, 얄미운 놈을 골라 한바탕 설전을 벌이는 정도는 유머를 모르는 사람도 얼마든지 가능하다.

유머로 상대방을 제압하는 기술, 이것은 단 1초, 아랫배에 힘을 주고 말을 비틀어 내뱉는 것이다.

요령 있게 사과하는 법

한 남자가 토요일마다 골프장에 나갔다가 오후 2시면 집으로 들어왔다.

그런데 어느 날은 저녁 7시 30분에야 귀가했다. 그리고 아내에게 변명했다.

"제시간에 골프장에서 나왔는데, 오는 길에 어떤 아가씨의 펑크난 타이어를 갈아 끼워줬더니 저녁을 사겠다지 뭐야……?"

이에 아내가 화를 내며 소리쳤다.

"허튼 수작 하지 말아요. 당신 36홀 쳤죠, 아닌가요?"

사람이 화를 내면 흥분상태에서 서로 지나친 언행을 벌이는 경우가 있다. 이럴 때 먼저 차분하게 냉정을 되찾으면 상대방도

평정을 회복할 가능성이 높다. 아니, 최소한 더 이상 악화되지는 않는다.

반면에 상대방이 비난을 퍼붓는데도 '넌 떠들어라' 하는 식으로 시치미를 뚝 떼고 있으면, 상대방은 점점 더 화가 끓어오르게 된다.

언쟁 중에도 객관적으로 자기 잘못이 더 크다고 생각되면, 설사 잠자코 있을지라도 사과하는 기색이 상대방에게 전달되도록 노력해야 한다. 하지만 너무 지나치게 저자세로 사과를 하면 새로운 빌미가 되어 화를 돋굴 수도 있다. 마치 불기둥에 기름 붓듯이.

중요한 점은 중용(中庸)의 묘를 살리는 것이다. 사과를 할 때는 단번에 끝내기보다 두세 번에 걸쳐서 사과하는 것이 효과적이다.

세상에서 혼자 살아갈 수는 없는 법, 개인은 늘 유기적인 조직 사회 속에서 살아가고 있다.

인간관계란 따지고 보면 다툼과 화해의 연속이다. 물 흐르듯 순탄하기만 하면 무슨 걱정이겠는가?

세상은 자기를 비난하고 화를 내는 상대방을 달래고 얼러서 함께 살아가는 것. 한때의 사소한 다툼으로 적을 만들지 말고 그 일을 계기로 상대방을 친구로 만들어야 한다.

사과는 진심으로

해외 복무 3년을 마치고 집 근처 부대로 배속된 병사는 한시바
삐 아내가 보고 싶어 안달이었다. 그래서 상사에게 애원해서 두
시간의 외출허가를 받았다.

그런데 그 병사는 무려 여섯 시간이 지난 뒤에야 귀대했다.

"어째서 네 시간이나 무단이탈을 했나?"

상사가 화를 내자 그 병사가 대답했다.

"글쎄, 집에 도착해보니 제 아내가 마침 목욕을 하고 있지 뭡니
까? 군복이 젖어버려서 말리느라고 그만……."

사람은 누구나 실수와 잘못을 저질러가면서 세상사를 터득
해나간다. 아이러니컬하게도 과오가 많을수록 인간다워지고,

그만큼 경험이 풍부한 인간이 되는 것이다.

오스카 와일드가 말했다.

"남에 의해 불행한 것은 견딜 수 있다. 그것은 밖에서 오는 것이기 때문이다. 그러나 자기 실패 때문에 받는 고통은 그대로 인생의 가시가 된다."

불가피하게 어떤 잘못을 저질렀을 때, 반성하고 사과를 하면 마음이 개운할 것 같지만 그렇게 되기란 쉽지가 않다.

우리는 곧잘 어떤 실수를 저지르고 이런 소리를 한다.

"내가 망가뜨렸으니까 물어내면 되죠!"

이런 태도는 과연 괜찮은 것일까?

자신의 잘못을 사과할 때 머뭇거려서는 안 된다. 싹싹하고 깨끗하게 잘못을 인정하는 모습은 누가 봐도 시원스럽다. 진심으로 머리를 굽혀 사죄하는 것이 남자답다.

유머는 스스로를 견제하고 자기와 투쟁하는 것이다. 유머리스트라면 머뭇거림 없이 '아, 제 잘못입니다. 미안합니다!'라고 말할 수 있어야 한다.

생각이 바르고 건전한 사람은 무엇이든 진심으로 사과를 하지만, 그렇지 못한 사람은 어떻게든 그 순간을 회피한 다음 말을 빙빙 돌린 혀끝이나 글 따위로 때우려 한다. 그래서 '물어주면 되잖아!' 식이 되고 마는 것이다.

자기 잘못에 대해 싹싹하고 솔직하게 사과를 하면 상대방도

"제 잘못입니다. 죄송합니다.
다시는 이런
실수가 없도록 하겠습니다."

아무리 큰 잘못을 저질렀더라도
마음에서 우러나오는 사과를 하면 상대방의 마음이 누그러진다.

기분이 좋아질 뿐더러 오히려 미안한 마음까지 생기게 된다. 사과하는 것이 얼마나 힘든지를 잘 아는 상대방이라면, 심리적으로 자기가 너무 가혹했던 게 아닐까 하는 느낌이 들기 때문이다.

약국에서 주눅들지 마라

두 남자직원이 회사 옥상에서 대화를 하고 있었다.

"자네, 요즘 미스 리하고 미스 최한테 양다리를 걸치고 있다는 소문이 사실인가?"

"응, 사실이야. 하지만 요즘은 그것 때문에 고민이 많아."

"왜? 아하, 최종적으로 누굴 선택해야 할지 고민이겠군."

"아니, 그게 아니라 나머지 다리 하나는 누구한테 걸칠까 하고 말이야."

약국에서 생리용품을 살 때는 남성보다 여성이 능숙한 편이다. 여성 피임기구의 사용법에 대해서는 약사로부터 자세한 설명을 들을 필요가 있는데, 이때도 여자들은 마치 요리 강습이라도 듣는 양 태연한 표정을 짓고 있다.

남성용 피임기구는 당연히 남성이 사는 것이 자연스럽지만, 이상하게도 남자들은 약사 앞에서 얼굴만 붉힌 채 입도 뻥끗 못 하고 있다. 게다가 상대방이 여자 약사라면 더욱!

내가 알고 있는 어떤 남자도 처음에는 몹시 멋쩍어했다. 사실 부끄러워할 일이 아니라는 것을 알고 있으면서도 소심한 그는 어쩔 수가 없었다. 그런데 언제부턴가 몰라보게 배짱이 두둑해 졌다. 아니, 그럴 수밖에 없었다.

어느 날 저녁 그가 약국에서 콘돔을 사고 있는데, 이웃집 아 주머니가 들어왔다. 피할 겨를도 없이 맞닥뜨리게 된 것이다. 그래서 결국 궁한 쥐가 고양이를 무는 형국이 되었다.

그가 태연히 약사에게 물었다.

"이거 완벽한 거죠? 실패하는 일은 없겠습니까? 먼저는 실패 를 해서 하나 낳고 말았는데요."

"아니, 그건……."

느닷없는 공세에 약사가 오히려 허둥댔고, 이웃집 아주머니 도 숨을 들이키며 그 자리에서 굳어버렸다.

"이거, 살펴봐도 됩니까?"

"아 예, 그러시죠."

그는 포장을 뜯고 안에서 콘돔을 하나 꺼내 입에 대고 훅하고 풍선처럼 불었다. 그러자 그 광경에 기겁을 한 이웃집 아주머니는 화들짝 놀란 얼굴로 약도 못 사고 도망쳐버렸다.

물론 좀 지나친 행동이었지만, 그뒤로 그 친구는 당당히 기구와 약품을 살 수 있게 되었다고 한다.

섹스의 즐거움을 알고 기쁨을 찬미할 수 있는 남자라면 결코 쭈뼛거려서는 안 된다. 콘돔 달라는 소리를 못하고 주저주저하는 것은 마음속에 성을 꺼림칙한 것으로 인식하고 있기 때문이다.

오히려 성에 대한 지식이 해박한 친구가 있다면 한 번쯤 사귀어둘 만하다. 그가 알고 있는 지식과 경험을 잘 들어두면 유용하게 써먹을 때가 있다. 귀동냥이라도 해서 얻을 것은 얻어야 하고, 그로 인해 잠자고 있던 성에 대해 환해질 테니까!

웃으며 충고하라

영국 재판소에 어떤 백작부인이 자기를 '암퇘지'라고 부른 상인을 데리고 와 고소했다.

판사가 그 상인에게 명예훼손으로 유죄판결을 내리자 상인이 물었다.

"아니, 그럼 백작부인을 돼지라고 부를 수 없단 말입니까?"

"그렇소!"

상인이 다시 말했다.

"그럼 한 가지 여쭙겠는데요, 돼지를 백작부인이라고 부를 수는 있습니까?"

"물론 그렇게 부르는 것은 피고의 자유요."

그러자 그 상인은 백작부인을 향해 몸을 돌리더니 이렇게 한마디했다.

"안녕하시오? 백작부인."

살다 보면 뭐 이런 사람이 있나 싶을 만큼 예의 없고 안하무
인격인 사람들이 있다. 그런데 이렇게 무례한 자에게 충고 한마
디 할 수 없는 남자는 실망 그 자체다.

한 아가씨가 한동안 사귀던 남자친구를 멀리했다. 그 이유를
물어보니, 함께 버스에 탔을 때 발을 밟은 남자가 있었는데도
모른 체하고 아무 말도 못하더란 것이다.

그런데 이와 반대되는 이야기가 있다.

한 사내가 길을 물어 청년이 친절하게 일러주었다. 그런데 그
사내가 고맙다는 말 한마디 없이 돌아서려 하자 청년이 '이봐'
하고 불러세웠다. 그러고는 무슨 일인가 싶어 돌아보는 사내를
향해 미소를 지으며 '정말, 고맙습니다' 했다.

만일 이때 상대방에게 얼굴을 붉히며 충고했다면 '이 자식!
길 좀 가르쳐주고 무슨 목숨이라도 구해준 것처럼 고마워하라
는 거냐!' 하고 되레 트집을 잡혔을지도 모른다. 하지만 청년은
자기가 예의를 차림으로써 '이럴 땐 고맙다는 말 정도는 하는
거다'라는 충고를 간접적으로 전달한 것이다. 이쯤 되면 상대방
도 뜨끔했을 것이다.

강남역 부근에 담뱃가게 부스가 있었는데, 하루에 70~80명,

어떤 날은 100명이나 되는 사람들이 길을 물어왔다. 마음씨 좋은 가게 주인은 그때마다 되도록 친절하게 길을 가르쳐주었다. 그런데 길을 묻고 난 사람들 중에 절반 이상이 고맙다는 말도 없이 가버리는 것이었다.

그런 일이 매일같이 되풀이되자 주인도 마침내 오기가 생겨 하루는 '약도를 가르쳐드립니다—1회에 1,000원'이란 쪽지를 써 붙였다. 덕분에 그뒤로는 아무도 성가시게 굴지 않았다고 한다.

타인의 호감을 사는 법

1. 따뜻하고 성실한 관심을 기울여라.　　2. 이름을 기억하라.

3. 말하기보다 듣기를 잘하라.　　4. 마음속으로부터 칭찬하라.

5. 미소를 지어라.　　6. 상대의 관심 방향을 간파하라.

-D. 카네기

싫은 사람 떼어놓기

결혼 25주년을 맞이한 남자가 아내에게 장미꽃 열아홉 송이를 선물했다.

아내가 물었다.

"꽃이 왜 하필 열아홉 송이죠?"

"우리 결혼생활 중에 행복했던 햇수를 꼽아보니 19년이었어. 25년을 함께 살아오면서 19년 동안 행복했으면 꽤 괜찮은 편 아니오?"

그 말을 들은 아내는 잠시 고민하더니, 꽃병에 열여섯 송이를 꽂고 나머지 세 송이는 휴지통에 버리는 것이었다.

친구나 동료를 사귀다 보면 상대방에 대해 회의감이 들 때가 있다. 깊이 사귀기 전에는 몰랐던 사소한 부정이나 음주, 도박, 여자관계 등에서 실망해 같이 어울리기 싫어지는 것이다. 이렇게 나쁜 교제는 과감히 정리해야 한다.

그런데 적당히 멀어지려고 등을 보이면 되레 달라붙는다. 또 크게 한바탕 싸우고 헤어지면 뒤탈이 염려된다. 이때는 상대방으로 하여금 스스로 손을 떼게 만드는 것이 좋다.

무턱대고 돈을 빌려달라고 하는 것도 효과적인 방법이다. 특이한 구실을 핑계삼아 계속 돈을 꿔달라고 보채는 것이다. 그렇게 해서 빌린 돈은 당분간 돌려줄 생각이 없으니 꿩 먹고 알 먹는 방법이 아닐까?

또 끈질기게 술집으로 유도해봐라. 상대방도 자기 나름대로 사정이 있을 테니 때론 곤혹스러울 것이다. 그래도 유혹의 손길을 늦추어선 안 된다. 그리고 술집에 가서도 '네가 계산해라'며 번번이 술값을 떠넘기면 오래지 않아 달아날 것이다.

때로는 '나, 이상한 병에 걸린 것 같은데……' 하는 터무니없는 수작으로 겁을 줘라.

취한 척 '나, 네 마누라가 좋아졌어'라고 허튼 소리를 해보는 것도 재미있겠고, 카지노에서 재미 좀 봤다면서 '너, 회사 공금 좀 뺄 수 없겠니?' 하고 떠보는 방법도 있다.

만약 상대방이 여자라면 당신을 아주 시시하고 지저분한 남자로 보게 만드는 것이 가장 확실한 방법일 것이다.

패했을 때도 산뜻하게

"저것 봐. 이웃집에 싸움이 벌어졌어!"

그 소리에 태권도장을 운영하고 있던 관장이 달려갔는데, 얼마

후 미간에 상처를 입고 돌아왔다.

"아니, 어찌된 일입니까?"

제자의 물음에 관장이 말했다.

"슈퍼마켓 집 꼬마랑 미용실 집 꼬마가 싸우는 걸 뜯어말리다가

이렇게 됐지. 역시 아마추어는 다루기가 어렵다니까!"

스포츠에서 승패가 결정되었을 때, 쌍방은 서로 악수를 나누

고 패자는 승자에게 축하를 해준다. 보기에도 흐뭇한 광경이

아닐 수 없다.

대결에서 패하면 꼴사납고 못 견딜 만큼 화가 나지만, 그런 내색을 한다는 것은 스포츠맨십에 어긋난다. 이것은 유머정신의 진수와도 통한다. 사고방식과 표현의 굴절, 따라서 게임에 진 편이 오히려 유머정신을 터득하게 된다.

승부를 거는 일은 모험을 즐기는 것으로, 위험이 뒤따른다고 승부를 두려워한다면 그 어떤 일에서도 성공할 수 없다. 단, 도박은 조심해야 한다. '이겨도 져도 손을 떼지 못한다'는 경구를 명심하고 절대 금해야 한다!

> 승자는 자기보다 우월한 자를 보면 존경하고 배울 점을 찾고, 패자는 질투하고 그 사람의 갑옷에 구멍난 곳이 없는지 찾으려 한다. ―『탈무드』

승자가 있으면 패자도 있는 법!
경기에서 패하더라도 깨끗하게 승복하고
다음을 기약하는 것이 스포츠맨십이다.
패했을 때 그 사람의 참모습이 드러난다.

부정을 겁내지 않는다

한 남자가 경찰서를 찾아와, 간밤에 자기 집을 턴 도둑을 꼭 만나고 싶어했다.

경관이 말했다.

"나중에 법정에서 만날 기회가 있을 겁니다."

"아니오, 그게 아니란 말이오."

그 남자가 말했다.

"난 단지 그가 어떻게 우리 마누라를 깨우지 않고 집에 숨어 들어올 수 있었는지가 궁금해서요. 벌써 몇 년째 시도하고 있지만 도저히 안 되거든요."

유머를 즐기는 인생을 살려면 어떤 상황에서도 당황하지 않

154

고, 매사에 느긋한 마음을 갖는 것이 중요하다. 근무태만이나 업무과실 정도로 징계를 당하는 것, 사소한 사규 위반을 했다고 해서 쭈뼛거릴 필요가 없다.

언젠가 미국 대사관에 이런 공고가 나붙은 적이 있다.

'어떤 명목의 금품도 일절 받아서는 안 된다. 선물도 25달러 이상 되는 물품은 받을 수 없다. 단, 외부 반입 품목은 48시간 이내에 먹고 마실 수 있는 것에 한해 인정된다.'

그로부터 이틀쯤 지난 후 한 직원이 상사에게 물어보았다.

"저 규칙은 절대적인 것인가요?"

상사가 되물었다.

"자네 무슨 문제 있나? 대체 무슨 물건을 받았기에?"

"실은 구내 매점의 한 납품업자가 우리 애들 주라고 귀여운 강아지 한 마리를 가져왔는데요, 48시간 안에 먹어치우지 않으면 안 되는 건가요?"

어떤 법규나 사규에 어긋난 일을 행할 때는 그 일이 문제가 되면 어떤 결과가 초래될까, 불이익을 당하지는 않을까 하고 조바심할 필요가 없다. 물론 그렇다고 해서 결코 뇌물을 공여 받으라는 말은 아니다. 불가피한 사정이 아니면 거절하는 것이 당연하다.

그러나 세상일은 곧이곧대로 올바른 일만 벌어지는 것도 아니요, 어쩔 수 없이 규정을 어기게 되는 상황도 벌어지게 마련

"자넨 그런 비리를
저지르고도 무사하길 바라나?"

당신의 눈앞에 내밀어진 옐로카드 때문에 위축되지 마라.
작은 부정은 화려한 성공의 그늘에 가려진다.

이다. 불가피한 사정에 의해 위반 사실이 드러나더라도 태연해야 한다.

세상을 살다 보면 별의별 일도 다 있다. 어차피 자책감에 빠져봤자 자기만 힘들 뿐이다. 이럴 땐 차분하게 사후 방법을 모색하는 것이 최선이다. 호사다마라고 하지 않던가? 사태의 악화가 오히려 뜻밖의 행운을 불러올 수도 있다.

유머를 믿어라. 그리고 진정한 유머리스트가 되라.

뭔가 일이 안 풀리고 힘들고 난처한 순간마다 유머를 통해 위기를 돌파할 수 있다면, 인생에서 이보다 값진 보약이 또 있을까?

모험을 즐긴다

간수 오늘이 자네에겐 마지막 날 아닌가. 먹고 싶은 것이 있으
면 말해보게.

사형수 그럼 복어를 마음껏 먹어보고 싶습니다. 죽을까봐 여태
단 한 번도 못 먹어봤거든요.

모험을 두려워하는 인간은 무능하고 불필요한 인간이다. 인
류의 역사는 모험의 역사요, 모험이야말로 인간의 문명을 이만
큼 발전시켜왔다. 모험을 지향하는 것, 그것은 곧 청년정신의
척도다.

한 겁쟁이 인간이 있다. 이 사람은 한치의 모험도 감행할 용
기가 없다. 기껏해야 다른 사람의 모험과, 그에 따른 실패를 곁

에서 구경하다가 안도할 뿐이다. 스스로 모험을 감행할 용기도 없고, 그렇다고 남이 잘되기를 격려해주지는 못할망정 실패하기를 바라는 인간은 정말 쓰레기다.

흔히 위험이 수반되게 마련인 모험을 안 하면 그만 아닌가 생각할 수도 있다. 물론 특별히 어떤 시도를 하지 않으면 꽤 안전해 보인다.

그러나 인간이 살아가는 동안에는 모험으로부터 완전히 벗어날 수 없다. 모험을 피하기만 하다간 노이로제가 생기기 십상이다. 작은 배 한 척에 몸을 싣고 대양을 항해하는 모험가에게 노이로제 같은 쩨쩨한 생각은 스며들 여지가 없다. 모험에 하나뿐인 목숨을 거는 그 사람에겐 하늘과 바다가 곧 벗이요, 때로는 극복해야 하는 대상이다.

어떤 목표를 이루기 위한 준비와 계획을 강조하는, '계획 없는 모험은 모험이 아니다'라는 말이 있다. 매사에 얼마 정도의 계획은 꼭 필요하다. 그런데 계획만 잔뜩 세우다가 실행도 못한 채 무용지물로 끝나버리는 경우가 많다.

이런 말이 있다.

'사람들은 정상을 정복하기 위해서 목숨을 걸고 모험하기를 좋아한다. 그들은 그 과정 속에서 스릴을 만끽한다. 그것이 바로 인생이다.'

대양을 항해하고 높은 산을 정복하는 것만이 모험은 아니다.

하다못해 '탈 샐러리맨' 정도의 목표라면 어떤가? 내일이라도 당장 직장 상사에게 '오늘 부로 그만두겠습니다' 했다고 상상해보라. 만약 이때 '아, 그런가?', '쓸 만한 건수라도 있나?' 하는 식의 대꾸를 듣게 된다면 당신에 대한 평가는 별로인 것이다. 앞으로 얼마 동안 더 버틸 수 있을지 몰라도 전망은 좋을 리 없다. 오히려 지금이 적기다. 차라리 진짜로 그만두는 편이 낫다. 그렇다면 대책은?

언제든 해고되거나 그만둘 때를 대비해서 준비를 해놓는 것, 이것이 중요하다. 직장인이라면 누구나 틀림없이 염두에 둬야 하는 문제다.

아무리 철저하게 준비를 해두었다 해도 모험을 감행하다 보면 앞으로 수많은 어려움이 닥칠지 모른다. 아니, 당연히 그럴 것이라고 예상해야 한다. 숱한 시련이 닥쳐도 다시 일어설 수 있는 용기와 인내가 필요하다.

반박형 유머화술

☻국제 시계

한 신입사원이 세계 각국의 시간이 나오는 손목시계를 동료에게 자랑했다.

이때 상사가 그 곁을 지나가며 한마디했다.

"시계도 좋지만, 출근은 우리나라 시간에 맞추도록 하게. 자네 요 며칠 외국 시간으로 출근하지 않았나?"

☻지각

과장 자네, 오늘 또 지각인가?

직원 아, 아침에 그만 늦잠을 자버렸습니다.

과장 뭐? 늦잠을 잤다고?

직원 아니, 과장님 사모님께선 초저녁부터 자게 해주시던가요?

😛유머감각

부인 여보, 나의 어떤 점이 제일 좋아요? 내 지성미? 아니면 이 근사
한 몸매?

남편 난 당신의 그 유머감각이 좋아.

😛MT

J가 회사 직원 MT에 불참하겠다고 하자 동료가 말했다.

"동료들끼리 친목을 도모할 수 있는 좋은 기회 아닌가? 자네도 참가
하지?"

"글쎄, 난 멀미가 좀 심해서."

"버스에 타자마자 자버리면 괜찮아."

"노래나 춤에도 취미가 없어."

"잠자코 술이나 마시면 되지."

"술 마시면 금세 곯아떨어지는데?"

"그럼 된 거 아닌가?"

"취해서 잠이나 잘 거면 뭣 하러 MT를 가냐고."

😛얼굴을 못 봤어

출근 승객으로 붐비는 지하철 역.

푸시맨이 어떤 아가씨의 엉덩이께를 밀어 지하철 안으로 들어가게
하려고 했다.

그 아가씨가 빽 소리쳤다.

"어머! 어딜 만지는 거예요!"

그러면서 못생긴 얼굴을 돌려 푸시맨을 노려보는 것이었다.

이에 푸시맨이 머리를 긁적이며 대꾸했다.

"죄송합니다. 제가 미처 아가씨의 얼굴을 보지 못했군요."

사은품

모 은행에 인상이 험악한 사내가 나타나, 창구에 1,000원짜리 한 장을 내밀고 신규 계좌를 개설했다. 여직원이 즉시 처리해준 다음 예금통장과 함께 작은 사은품을 내밀었다.

그러자 사내가 갑자기 목소리를 높여 소리쳤다.

"이게 뭐야! 고객한테 겨우 이 정도의 서비스가 고작이라니!"

이에 은행 안에 있던 손님과 행원들이 깜짝 놀라며 그 사내를 쳐다보았고, 즉시 상사가 달려와 미소를 지으며 말했다.

"손님께서 잘못 아셨군요. 1,000원을 예금하셨으니 규정대로 그 정도의 사은품만 드린 것입니다. 그렇게 소리칠 게 아니라 잠자코 서 계셨더라면 분명히 큰돈을 손에 넣으셨을 텐데 말이죠."

농땡이

며칠째 잔업을 계속할 정도로 업무가 바쁜 P가 매우 지친 얼굴로 책상 앞에 앉아 있었다.

이때 잔업이라곤 한 번도 해본 적이 없는 H가 들으라는 듯이 말했다.

"우리 회사에 잔업수당 때문에 정규 근무시간에 농땡이를 치는 사람이 있는 것 같군."

그러자 P는 이렇게 맞받았다.

"이 회사에는 아무리 농땡이를 쳐도 한 시간이면 끝낼 정도의 일만 주어지는 사원도 있다지?"

☻넥타이

평소 패션에 대해 말이 많은 친구가 K의 넥타이를 보고 놀렸다.

"그런 싸구려 넥타이를 어떻게 매고 다녀? 조금만 잡아당겨도 끊어질 것 같군."

그 말을 들은 K가 그 친구의 넥타이를 찬찬히 보며 대꾸했다.

"그러고 보니 자네 건 확실히 질긴 것 같군. 그 정도라면 언제라도 목을 매도 되겠어!"

☻신경 쓰여

빌딩 15층에서 한 인부가 유리를 닦고 있었다.

때마침 회사에서 업무를 보고 있던 김 과장이 신경질적으로 그 인부에게 말했다.

"빨리 닦고 다른 곳으로 가주겠소? 신경 쓰여서 일에 차질이 생길 것 같으니까."

그러자 그 인부는 이렇게 대꾸했다.

"댁이야말로 제발 다른 곳으로 가주지 않겠소? 눈에 거슬려서 곤돌라에서 떨어질 것 같다고."

☻컴퓨터

회사에 컴퓨터가 처음 도입될 때의 이야기다.

직원들 모두 사용법을 몰라서 멀뚱멀뚱 쳐다만 보고 있는데, M이 나서서 컴퓨터를 조작했다.

평소 일처리가 매끄럽지 못해 남들로부터 무시당하고 있던 M은 이때다 싶어 자랑스럽게 말했다.

"앞으로는 컴퓨터를 만지지 못하는 사람들은 직장에서 쫓겨날 거야."

그러자 한 친구는 이렇게 되받았다.

"그렇지만 아무도 쫓겨날 사람은 없을 것 같군. 자네가 만질 정도인 걸 보니 말이야."

❀ 만일

한 회사에서 상사와 부하직원이 의견충돌을 일으켰다.

흥분한 부하직원이 주먹을 꽉 쥐며 말했다.

"만일 당신이 내 상관이 아니었으면 당장 한 방 갈겼을 거요!"

상사도 언성을 높였다.

"나도 자네가 내 부하직원만 아니었더라면……."

상사가 갑자기 웃는 얼굴로 말을 이었다.

"만일 그럴 수만 있다면 난 죽어도 좋을 텐데."

❀ 장난감

한 중년 부인이 판매한 지 1년이 지난 장난감을 들고 장난감 가게를 찾아왔다.

"이거 고장났는데, 교환해주세요."

"그렇지만 손님, 1년 전 물건을 이제 와서 바꿔드릴 순 없습니다."

"뭐라고요? 무슨 소리예요, 겨우 1년 전에 산 물건인데⋯⋯? 어떻게든 해주세요."

주인이 말했다.

"알겠습니다. 그럼 수리해드릴 테니 맡겨두고 가십시오. 수리하는 데는 겨우 1년이 걸립니다."

☺독신

노총각 K의 40번째 생일이 되었다.

결혼한 한 친구가 K에게 물었다.

"나이 40이 넘도록 혼자라니, 자네 혹시 몸에 무슨 결함이 있는 거 아닌가?"

그러자 K는 이렇게 되받는 것이었다.

"자넨 그게 독신의 이유가 된다고 생각하나? 난 오히려 결함 투성이면서도 결혼한 사람을 알고 있지."

☺지옥

술버릇이 나쁜 과장이 부하직원과 술을 마시다가 드디어 취기가 돌자 부하직원에게 시비를 걸기 시작했다.

그러나 냉정한 부하직원이 잘 받아넘겼고 형세가 불리하다고 느낀 과장이 욕설을 퍼부었다.

"건방진 녀석, 너는 죽으면 지옥에 떨어질 거다."

그러자 부하직원은 이렇게 응수했다.

"그런 일만은 없어야지요. 죽어서까지 과장님 얼굴을 보게 되는 건

끔찍한 일이에요."

●정정

어떤 회의석에서 상사와 부하직원이 논쟁을 시작했다. 그러나 드디어 형세가 불리해진 상사가 엉뚱한 반론을 하자 부하직원이 말했다.

"자신의 주변도 제대로 청소하지 못하는 사람과 이런 논의를 한다는 것은 시간낭비입니다."

그러자 상사가 격노하여 소리쳤다.

"무례하게 감히! 당장 발언을 철회하게!"

부하직원이 다시 일어나 말했다.

"실례했습니다. 지금 발언을 정정합니다. 과장님은 자신의 주변을 청소하는 일의 적임자라고 생각합니다."

●안경

오래된 안경을 끼고 있는 모 과장을 보고 부하직원이 놀렸다.

"과장님께서 그런 안경을 끼고 있으니까 고리타분해 보이지요."

그러자 과장은 부하직원에게 이렇게 말하는 것이었다.

"그렇다면 난 안경을 벗으면 그만이지만, 자넨 그 눈을 바꾸지 않는 한 세상을 정확하게 볼 수가 없겠군."

●산업용 로봇

어떤 로봇 회사 영업사원이 소규모 공장 사장을 상대로 산업용 로봇을 홍보하고 있었다.

"오늘날의 로봇은 숙련공 못지않을 정도로 뛰어나서……."

옆에서 그 말을 듣고 있던 고참 숙련공이 화를 내며 영업사원을 노려보았다.

"무슨 소리야! 로봇 따위가 나를 대신할 순 없다고!"

그러자 영업사원은 침착하게 말을 이었다.

"우리 회사의 로봇은 절대 이런 몰상식한 행동은 흉내내지 않을 것입니다. 고장이 나지 않는 한 말입니다."

해외 출장

해외 연수를 마치고 돌아온 H는 자기 실력을 과시하려고 대화 중에 툭하면 영어를 섞어 썼다.

어느 회의석상에서도 H가 여느 때처럼 영어를 섞어 의견을 내자 참석자 전원이 고개를 갸우뚱했다.

그러자 H가 자랑스러운 듯이 말했다.

"죄송합니다. 영어가 습관이 돼서. 이해에 문제가 있으신가요?"

이에 참석자들 중 한 사람이 이렇게 말하는 것이었다.

"문제는 영어가 아니오. 알맹이가 있는 의견을 내놓으라는 거요."

사장 맞아

현관에 도착한 사장이 회사 안으로 들어가려 하자 새로 들어온 수위가 제지하며 사원증을 제시해달라고 했다.

사장이 발끈하여 말했다.

"자네 신입이로군. 난 이 회사 사장일세."

수위가 말했다.

"사장님이든 누구든 사원증을 제시하지 않으면 출입할 수 없습니다."

"이 멍청이!"

사장이 격노하여 소리쳤다.

"누가 이자를 당장 끌어내!"

수위가 비로소 다소곳해지며 말했다.

"실례했습니다. 이제 보니 사장님이 맞네요. 선배한테서 들은 그대로십니다."

설비 부실

소방대원이 방화 설비가 부실한 주점을 돌아보고 나서 지배인에게 주의를 주었다.

지배인이 매우 불만스럽다는 듯이 말했다.

"쳇, 이 정도는 그냥 눈감아줄 수도 있는 것 아닙니까?"

그러자 소방대원은 이렇게 대꾸했다.

"그럴 수는 있지요. 그 대신 여기서 불이 나도 눈감을까요?"

다리

다리가 긴 세일즈맨이 상대적으로 다리가 짧은 동료 세일즈맨을 놀렸다.

"자네처럼 다리가 짧으면 보폭이 좁아 쉽게 피곤해지겠군."

그 말에 짧은 다리의 세일즈맨은 이렇게 대꾸했다.

"아니, 그 정도는 아냐. 그보다 자네는 뇌의 명령이 발끝까지 제대로 전달되지 않는 것 아닌가? 그렇게 수시로 헛발을 딛는 걸 보면."

😜당치도 않아

A는 회사 회의시간 중에 토론 활성화를 위해 '직함 폐지'를 제안했다.

그러자 평소 무능하기로 소문난 B과장이 화를 내며 말했다.

"무슨 소리야! 그런 당치도 않은 제안을 하다니!"

이에 A는 차분한 목소리로 이렇게 반론했다.

"능력도 없는 사람이 '과장'으로 불리는 것보다 더 당치도 않은 것도 없을 걸요?"

😜고장 이유

H자동차 영업소 세일즈맨에게 고객으로부터 항의전화가 걸려왔다.

"얼마 전에 산 찬데, 내가 죽을 때까지 탈 수 있을 거라고 하더니 벌써 고장나버렸소! 대체 어떻게 된 거요?"

그러자 세일즈맨은 이렇게 대답했다.

"그건 손님이 생각보다 오래 사셨기 때문이 아닐까요?"

😜조용한 아파트

부동산 광고는 대개 과대 광고가 많아 소비자와 분쟁이 생기게 마련이다.

분양 중인 아파트 모델하우스에 초대된 부인이 창 밖을 보고 놀라며 말했다.

"아니 저건 뭐예요? 광고에는 조용한 아파트라고 해놓고, 저런 데 고

속도로가 있는데 조용할 리가 있어요?"

그러자 분양담당자는 태연한 얼굴로 이렇게 대꾸하는 것이었다.

"부인, 저 고속도로의 소음이 여기까지 들린다는 건 이곳이 얼마나
조용한지를 반증하는 것 아닐까요?"

고기와 구두

어떤 레스토랑에서 손님이 웨이터를 불러 따졌다.

"고기가 왜 이 모양이지? 너무 질겨서 마치 구두를 씹은 것 같군."

그러자 웨이터가 반문했다.

"아니! 손님은 구두를 씹어보신 적이 있습니까?"

미녀일수록 적극적으로

남자 어떤 타입의 남자를 싫어하세요?

여자 당신 같은 타입이요.

남자 아, 잘됐어. 나도 나 같은 타입은 질색이야. 이제야 겨우
날 이해해줄 사람을 만난 것 같군.

외모가 빼어나고 인기가 많은 여자는 이제껏 수많은 남자들
로부터 유혹을 받아왔기 때문에 남자들이 첫눈에 자기한테 반
하는 것이 당연하다고 믿는다. 그래서 콧대가 높고 오만해서 좀
처럼 남자를 받아들이지 않기 때문에, 이런 자존심 덩어리를 유
혹하기가 쉽지 않다. 이런 여자는 남자들로부터 늘 그럴싸한 소
리만 들어왔기 때문에 '널 사랑해' 하고 고백해봤자 별볼일없

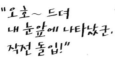

"오호~ 드뎌
내 눈앞에 나타났군.
작전 돌입!"

자신의 본성을 감추고
은연중에 상대방을 부추기면,
제아무리 콧대가 높은 여자라도 쉽게 무너진다.
물론 겉으로야 티내지 않겠지만…….

다. 아마도 속으로는 '어련하시겠어? 보는 눈은 있어 가지고……'라고 빈정거릴 것이다.

이런 경우에는 역수로 들이대라. 그런데 이때도 '헤어스타일이 영 아닌데?', '그 옷 너무 야하지 않아?' 하는 식으로 직접적인 비난은 곤란하다.

미녀는 언제나 '난 지금보다 훨씬 더 아름다워질 수 있는데 그걸 잘 모르고 있는 건 아닐까?' 하는 생각을 하게 마련이다. 이런 심리를 이용해 '헤어스타일을 김태희처럼 하면 훨씬 더 예쁠 것 같은데'라든가, '옷 색깔을 애플그린으로 통일하면 더 귀여워 보일 것 같아' 하는 식으로 더 예뻐질 수 있는 방법을 권

해보는 것이 좋다.

미녀는 자신을 더욱 아름답게 만들어주는 노련한 숙련자에게 약한 법이다. 탤런트들이 괜히 성형외과 의사랑 결혼하는 게 아니다.

그래서 때로는 '자기한텐 아무것도 필요 없겠군. 그 각선미 하나만 있으면 남자들이 꼼짝 못할 테니까', '가슴이 그 정도라면 차라리 아무것도 안 입는 게 훨씬 예쁘겠군' 하고 빈정거려도 좋다.

또 형편이 허락되면 빚을 내서라도 값비싼 물건을 선물하는 것이 좋다. 천하의 미녀를 자처하던 나나(에밀 졸라의 소설 『나나』의 주인공)도 선물의 가격을 자신의 미모를 평가하는 기준으로 삼았다. 당연히 퇴짜맞을 각오도 해야겠지만, 대부분의 자존심 강한 여자는 헤어질 때 '이딴 거 가져가!' 하기 때문에 까짓것 밑져야 본전 아닌가!

또 말 한마디를 하더라도 연애의 대가다운 면모를 보여라.

"당신, 여태까지 남자를 몇 명이나 울렸죠?"

"한 명도……."

"거짓말! 지금까지 내가 만난 여자들 중에 당신은 두 번째 미녀야."

"어머! 첫 번째는 누군데요?"

"거울을 좀 들여다보라고. 거기 있으니까."

그녀에게 사랑의 기쁨을

선물에 곁들일 '애정 카드'를 팔고 있는 백화점 매장에 여자친구와 함께 온 젊은이가 '당신만을 사랑합니다, 라는 걸로 스무장 주세요'라고 말했다.

그리고 동행한 여자가 발끈해서 노려보자 이렇게 말했다.

"오해 말라고. 다 너한테 보낼 거니까. 너 스무 번째 생일이잖아!"

몇 번의 구애 끝에 남자한테 꼼짝없이 반해버렸다는 것을 알면서도 막상 남자가 다가오면 흡사 징그러운 괴물이라도 되는 것처럼 깃털을 세우는 것이 여자다. 아마도 남자의 표현방법이 잘못되었기 때문일 것이다.

한 남자가 점심시간에 같은 여자 직장 동료에게 폰카를 들어

보이며 매우 수줍은 어조로 '사진 한 장 찍어도 돼요?' 하고 물었다. 그러자 그녀는 뺨을 붉혔다. 그녀는 사진 좀 찍자는 말에서 자기를 향한 그 남자의 속내를 읽을 수 있었던 것이다.

여자는 남자에게 사랑받을 때가 가장 행복하고, 낯부터 붉어진다. 그러나 어떤 남자에게나 그렇다는 것은 아니다.

여자의 마음을 흔들 정도의 애정이란 지위나 외모 면에서 더 낮거나 대등해야 가능하다. 자기 처지가 상대방의 눈에 어떻게 비치는지도 모른 채 애정만으로 상대를 움직이려 하는 것은 무모한 짓이다.

손자의 말처럼 '적을 알고 나를 아는 애정'이라야 여자의 마음도 사로잡을 수 있다.

매력 포인트를 공략한다

남자 내 전 재산을 당신께 바치겠습니다.

여자 전 재산이라고 해봐야 별것 아니겠죠?

남자 예, 하지만 당신의 이 작고 귀여운 발에 비긴다면 훨씬 별것
이죠.

미녀를 설득하기 쉬운 것은 그녀 스스로 자신의 매력 포인트
를 알고 있기 때문이다.

영국 속담에 '빼어난 미녀라고 치켜세우면 금방 바보가 된
다'는 말도 있지만, 그런 여자를 만만하게 봐서는 안 된다.

자신의 매력 포인트를 정확하게 지적해주지 않는 남자의 애
정은 실패하기 쉽다. 눈동자가 매력적인 여자에게 머리카락이

비단결처럼 곱다고 해봐야 경멸을 당할 뿐이고, 피부가 남달리 뽀얗고 탄력적인 여자에게 각선미가 예쁘다고 해봐야 '이 사람 참 엉뚱하네'라는 취급밖에 못 받는다.

여성의 호감을 얻으려면 그녀 자신이 '나의 이 점만은 누구나 알아줘야 해'라고 여기는 것을 집중적으로 칭찬하고, 그래야만 '이 사람, 뭘 좀 아네?' 하고 마음을 기울이기 시작한다.

런던의 한 거지가 아름다운 눈동자를 가진 여자에게 말했다.

"오, 부인! 그 눈동자로 내 담배에 불을 붙여주십시오."

참으로 기지 넘치는 화술이 아닐 수 없다.

몸에 난 사마귀가 도드라져 보이는 여성에게는 이렇게 말하는 것이다.

"네 사마귀는 정말 기막히게 선정적이라니까."

사마귀가 있는 사람은 옷에 가려진 몸 어딘가에도 있는 법이다. 이 말은 여자를 정신적으로 누드로 만드는 것이다. 또 그녀는 자기가 그때까지 알지 못했던 매력을 알게 되어 새로운 자신감을 갖게 해준 상대방에게 고마움을 느낄 것이다.

여성을 찬미하는 말은 무한하다. 육체뿐 아니라 그녀의 성격상의 아름다움, 재능 등에 초점을 맞출 수도 있다.

"아! 정말 아름다운 여자야. 정말 그림 같은 손가락이군."

"100만 달러짜리 각선미가 따로 없다니까!"

이런 감탄이 거짓말이라는 것쯤은 민감한 여자라면 금방 눈치

챈다.

그러나 남자가 여자의 아름다움으로 받은 쇼크가 강하면 강할수록 여자는 상대방에게 호의를 갖게 된다. 설사 그런 목적이 이루어지지 않더라도 아름다움을 발견했다는 것 자체가 기쁨이 될 수 있다. 아름다움에 눈을 돌리는 것은 바로 당신 자신을 위한 것이고, 머지 않아 그 보답이 당신에게로 돌아온다.

아름다운 것에 눈을 돌리지 않는 남자는 사랑할 자격을 잃어버린 섹스만능주의자다.

물론 섹스만능주의자가 하등하다는 말은 아니다. 옛날에는 '사랑하니까 섹스를'이었으나, 지금은 '섹스로 사랑을' 하는 시대이기 때문이다.

그러나 진지하게 여자의 아름다움에 빠질 수 없다면 당신은 결국 천박한 애인에 지나지 않는다.

여자가 물었다.

"왜 아까부터 말이 없죠?"

"적당한 말이 떠오르질 않아서 그래. 뭐라고 표현해야 좋을지……."

"뭘요?"

"너의 그 하얀 피부 말이야."

특별한 장난

남자 다음에 만날 땐 파란색 립스틱을 바르고 와.

여자 어머, 그건 왜요?

남자 그런 날엔 내 주식이 오르거든!

장난은 장난일 뿐 별다른 악의가 없어 보인다. 그러나 그 외피를 벗겨 잠재의식을 분석해보면 증오와 공격심으로 이루어져 있다고 한다.

어떤 남자가 같은 직장에서 근무하는 여자의 책상서랍에 콘돔을 넣어두었다고 하자. 물론 장난삼아 한 짓이겠지만, 그 남자의 잠재의식에 도사리고 있었던 것은 '강간 소망'이었다.

또 어떤 사원은 노처녀 여직원의 의자 등받이에 초등학교 시

업무에 시달리는 사람들을 한바탕 웃게 만들거나 애교 넘치고 귀여운 장난이 있는가 하면, 도저히 용서되지 않는 장난도 있다. 누군가의 자존심을 상하게 하거나 모멸감을 안겨주는 행위는 결코 장난으로 치부될 수 없음을 명심하라.

절에 흔히 했던 것처럼 종이쪽지를 붙여놓았다.

'빈 방 있음.'

조금은 짓궂고 야한 짓이지만, 노처녀를 향한 야유인 셈이다. 야유를 당한 당사자가 받을 정신적인 상처에 대한 배려가 없을 뿐더러, 사실 그의 마음속에는 그 '빈 방'에 들어가고 싶다는 욕망이 잠재되어 있는 것이다.

하루는 간부들이 회의 중인 방 출입문에 쪽지가 나붙었다.

'출입금지! 취침 중!'

그 쪽지는 회의가 끝나기 직전에 자취를 감추었고, 회의를 마치고 아무것도 모른 채 부서로 들어온 간부들을 보고 사원들은 낄낄대며 웃었다.

이웃집 아가씨에게 은근히 마음이 끌렸던 남자가 있었다. 남자는 이른봄에 꽃씨를 잔뜩 사다가 그녀의 집 주변 땅에다 몰래 뿌려놓았다. 때가 되어 꽃이 피고 모두 놀라고 있을 때, 남자는 그 아가씨에게 데이트를 청해 그 비밀을 털어놓고 교제에 성공했다.

한 여직원은 테이블 위의 재떨이를 강력접착제로 고정시켜 두었다. 그런 줄도 모르고 남자 사원들이 무심코 재떨이를 집어 들려 했지만 떨어질 리가 없었다.

그때 그녀가 교태를 부리며 말했다.

"아무렇게나 손을 댄다고 떨어지는 게 아니에요."

핑크빛이 도는 장난이다.

한 직장의 남녀가 점심을 먹고 돌아와보니 엘리베이터에 '고장! 수리 중'이라는 쪽지가 붙어 있었다. 남자가 여자에게 윙크를 해 보이고는, 그 쪽지를 떼어 주머니에 넣었다.

그들 뒤로 들어온 사람들은 움직이지도 않는 엘리베이터를 한참씩이나 기다렸다. 그러나 남녀는 구불구불한 계단을 오르고 있었다. 그러다가 나중에는 손을 잡고, 층계참에서 진한 키스까지 했다.

꿈을 안겨준다

여자의 생일날, 남자가 그녀를 위해 조촐한 파티를 열어주면서 샴페인이 아닌 맥주로 건배를 했다.

그리고 안주로 나온 땅콩을 한 줌 집어 여자의 손목에 살며시 놓아주면서 다정하게 속삭였다.

"언젠가는 이만큼의 다이아몬드를 사주고 싶어."

연애가 섹스만으로 이어진 관계라면, 그 연애에는 꿈과 미래가 없다. 서로간에 소모만 일어날 뿐이다.

애정이 필요로 하는 것은 꿈이고, 또 꿈은 애정을 길러준다. 두 사람만의 암호와 비밀을 가짐으로써 애정이 자라난다. 그에 따라 두 사람만의 세계로 들어가는 꿈을 가질 수 있는 것이다.

제아무리 사소한 것이라도 비밀의 창고에 넣어두면 아
무도 그 크기를 알 수 없다. 사랑은 그 누구도 건드
릴 수 없는, 오직 두 사람만의 것. 하지만 너
무 자주 드러내도, 너무 오래 감춰두어도 안 되는 것!

특정한 여자에게 능란하게 음담을 할 수 있는 남자는 그것으
로써 '정신적인 부부관계'를 갖고 있는 셈이다. 둘만의 부부생
활의 꿈을 주고 있으므로.

"요즘 난 매일 자기 꿈만 꾸고 있어서 참 난감하다니까."

"어떤 꿈인데요?"

"그건 말 못해!"

기대감을 갖게 한다

남자 네가 날 싫어한다는 걸 잘 알고 있어.

여자 그거 정말 고마운 말이네요.

남자 그렇게 고마우면 커피나 한잔 사지?

『손자병법』에 '가까워지면 멀리하고, 멀어지면 가깝게 하라'는 말이 있다. 즉 좋아하면 관심 없는 척하고, 관심 없으면 좋아하는 척하라는 뜻이다. 그래서 '저 사람, 날 좋아하는 것 같은데 왜 데이트 신청을 하지 않지?' 하는 기대를 갖게 하는 것이다.

　그녀가 정말로 마음에 드는 경우에는 이런 방법을 써먹기 힘들겠지만, 진정한 유머리스트가 되려면 인내심도 필요한 법이다.

　그러다가 더 이상 그런 상황을 지속하지 않아도 될 때가 오면, 슬슬 그녀의 기대에 응답해줘야 한다. 단, 이때도 너무 직선적으로 표현하면 곤란하다.

"다른 남자들은 여자에게 여러 가지 물건을 선물하지만, 나는 내 경험을 선물하고 싶습니다. 어떻습니까? 우리 둘이 드라이브나 하면서 천천히……."

"사랑하고 있는 둘보다 사랑하는 척하고 있는 둘이 훨씬 즐겁다고 하더군요. 오후에 차라도 한잔하면서 이야기하지 않을래요?"

"커피나 한잔하러 가죠? 그러나 연애에 대한 이야기는 안 하는 게 좋겠어요. 그런 이야기 하다가 진짜 그렇게 돼버릴 것 같아서……."

"남자의 '예스'는 그대로 '예스'지만, 여자의 '예스'는 '노'라는 게 사실인가요?"

"하룻밤 사이에 조금 더 자랐군."

그녀가 기대하는 당신의 모습에 가까워지기 위해 애쓰다 보면 생각지도 못한 일이 벌어진다.

이 사람을 위해서라면…

어떤 여자가 남자의 유혹에 넘어가 '이 사람을 위해서라면' 하는 심정이 되어버렸다.

어느 날 그가 그녀를 찾아와 말했다.

"큰맘먹고 중형차 한 대 샀어."

"어머 멋지네요. 근데, 드라이브할 만한 데가 있나요?"

"응, 물론이지. 신혼여행지."

"어머, 결혼하시나요?"

"그게 말이지. 저…… 자기 나랑 결혼해주지 않겠어?"

여성에게 확실한 신뢰를 심어주는 데는 성격이나 취미에 따라 다양한 방법이 있다. 또 가치관과 신념에 따라서는 그렇게 만들 수도 있다.

재력과 체력, 재능이나 명성, 성격, 때로는 다른 여자에게 인기가 있다는 것만으로도 그런 마음이 생긴다. 또 '이 사람은 나한테 목숨을 걸고 있으니까' 하는 애정만족형도 있고, '그의 미적 감각에는 온몸이 마비돼버려요' 하는 여자도 있다. 더러는 아주 특이하게 '이 사람을 사랑해서 파멸시키겠어요' 하는 역설형도 있다.

손자는 '아끼는 것을 빼앗으면 말을 듣게 된다'고 했다. 처녀성을 무엇보다 자랑스럽게 여기는 여자는 그것을 빼앗기면 무슨 말이든 듣게 되어, 정조를 빼앗은 남자에게 '이 사람을 위해서라면' 하는 심정을 일으킨다. 한번 몸을 섞으면 귀신처럼 달라붙는 타입으로, 성적인 결합이 일종의 죄책감과 일심동체 의식을 일으키는 것이다.

그러나 '추녀는 정이 깊다'는 옛말이 있듯이, 남자에게 인기가 없는 여자일수록 '이 남자를 위해서라면' 하는 심정을 일으키기 쉬우니 자기 뜻대로 된다고 너무 우쭐해하지 않는 것이 좋다.

대화로 승부한다

여자 A 너의 이상형은 어떤 사람이야?

여자 B 최초로 구애하는 남자지.

어렵게 청해서 첫 데이트가 이루어지는 순간, 이때야말로 연기력을 발휘할 때다. 진심을 담아 말하는 것이 좋다.

하지만 여자에게 너무 열중한 나머지 긴장이 되어 오히려 매끄럽게 말하지 못하는 경우가 보통이다.

이때에도 유머리스트는 전혀 고지식하지 않고 표현법에도 여유가 있다.

"제가 아무 여자한테나 이런 말을 하는 건 아닙니다. 전 당신을……"

"느닷없이 제 속내를 밝혀서 당황하거나 그러시진 않았죠?"

"남자와 여자가 미워하지 않고 서로를 생각하고 있다는 것만
으로도 충분히 아름다운 일이죠. 하지만 그것을 추억으로 만들
어버리면 안 됩니다. 절대로!"

"왜 당신을 사랑하냐고요? 남자는 사랑에 이유 같은 걸 갖다
붙이지 않아요."

"저를 누군가와 비교할 수도 있겠지만, 그건 헛수고입니다.
저보다 나은 사람이 있다 해도 당신이 그 사람을 좋아하게 되리
라고는 단정할 수 없는 거죠. 사랑의 세계에서 상대방의 조건을
비교한다는 게 얼마나 부질없는지는 잘 알고 계시죠?"

데이트 비용은 짜게

신혼부부가 미국 뉴저지주의 여름 휴양지 애틀랜틱시티로 밀월여행을 갔다.

신부의 팔을 끼고 해변을 거닐던 신랑이 바다를 보면서 즉흥시를 읊조렸다.

"춤추어라, 너 깊고 짙푸른 바다여, 춤추어라!"

한참 눈을 반짝이며 바다를 바라보던 신부가 조용히 속삭였다.

"어쩜, 자기 정말 굉장해! 당신 말에 파도가 춤추고 있잖아!"

아무리 돈이 많고 훌륭한 데이트를 위해서라면 없는 돈도 만들어야 한다지만, 그렇다고 드러내놓고 여자의 환심을 사려는 행동은 남자답지 못하다. 건강한 정신을 가진 여자라면 매사에

둘만의 시간,
사랑한다는 말 앞에 한없이 약해지는 나,
짠돌이에 공짜만 밝히는 당신을 뿌리치지 못하는
이 마음을 어찌해야 한단 말인가. 흐윽~!

절약하는 것이 당연하다고 생각한다. '돈을 그렇게 펑펑 쓰다 간 앞날이 걱정되네요' 하면서 되레 남자의 과소비를 우려할 것이다.

게다가 비용이 적게 드는 데이트 방법을 찾아내는 것도 즐거움 중 하나다. 인터넷이나 신문 등을 뒤져보면 무료입장이 가능한 야외공연이나 싸고 맛있는 먹거리, 흥미로운 산책 코스를 찾아낼 수 있다.

데이트는 둘만의 오붓한 만남을 즐기는 것이지, 돈을 낭비하는 것이 아니다. 서로의 애정을 확인하고 친밀감을 쌓는 데 돈의 많고 적음에 좌우되는 것은 건전하지 못하다.

오히려 데이트 비용이 짜면 짤수록 여자가 기뻐하는 경우가 더 많다. 남자가 장래 설계를 잘하고 있다고 판단하는 것이다. 그리고 매사를 대하는 당신의 자세, 생활의 성실함을 믿음직하게 여길 수도 있다.

값싼 스낵이나 자판기 커피로 즐기면서 유머가 담긴 핑계를 내세운다.

"오늘은 돈이 없어서 외식은 글렀는걸? 어디 가서 키스로 때우는 수밖에!"

키스의 에티켓

남자 립스틱 사줄까?

여자 좋아요.

남자 그럼 조금씩 내게 돌려주기?

우리는 흔히 '남자나 여자나 연애에서는 완벽해야 한다. 특히 남자라면 더욱……'이라는 관념에 사로잡혀 있는 듯하다.

맞는 말이다. 하지만 그것이 말하기는 쉬워도 행동으로 옮기기가 어디 쉬운가? 상대방을 황홀하게 만드는 키스법부터 피임까지, 완벽을 기한다는 것은 불가능한 일이다. 그러나 서로 상대방을 신뢰하고 애정만 있다면 유머가 그것을 허용하고 보완해줄 것이다.

마침내 분위기가 무르익어 달콤한 키스를 할 때는 자신의 감정에 사로잡혀 서두르지 말고 상대방을 먼저 배려하는 마음자세로 부드럽게 이어가야 한다. 그리고 현란한 테크닉보다는 기본적인 에티켓이 더 중요하다는 사실을 잊지 말 것!

태초에 인간이 남녀로 나눠진 이래 키스는 끊임없이 행해져 온 애정행위다. 인간뿐만 아니라 곤충과 조류까지도…….

키스라고 하면 으레 19세기의 오스트리아 시인 그릴파르처의 시 「키스」가 생각난다.

　　손등은 존경의 키스

　　이마는 우정의 키스

　　양볼은 도타운 정의 키스

　　입술은 애정의 키스

　　감은 눈 위는 동경의 키스

　　손바닥은 간구의 키스

　　팔과 목은 욕망의 키스

　　그리고 그밖의 것은 모두 미친 짓.

그러나 이 고전적인 시는 이제 통용되지 않는다. 시대가 바뀌면서 요즘에는 그 테크닉도 상당히 발전했다. '미친 짓'일 뿐이었던 온갖 키스가 애정표현의 수단이 되어 있다.

키스의 첫째 매너는 눈을 감는 데 있다. 그렇게 하지 않으면 상대방의 흥이 깨지고 뭔가 농락을 당하는 듯한 기분이 들기 때문이다.

그런데 남자는 상대방이 눈치채지 못하게 살짝 실눈을 떠서 주위를 경계하는 것도 매너 가운데 하나다. 처음부터 혀를 교환하는 깊은 키스까지 접근하지 말 것과, 키스를 하기 전에 함께 식사를 하거나 차를 마심으로써 서로의 입 냄새를 비슷하게 해두는 것도 연애 초기의 에티켓이다.

짓궂어도 귀여워 보이면 OK

어느 노처녀가 경리직을 구하고 있었다.

회사 인사담당자가 '그런데 경험은?' 하고 묻자 여자의 얼굴빛이 확 달라졌다.

"무슨 경험 말이에요?"

장난의 사전적 의미는 놀이나 희롱, 실없는 일 따위다. 그런데 장난을 거는 사람과 당하는 사람이 친해서 '이런 젠장!' 하고 웃고 마는 성질의 것이 있고, 반대로 울분을 터뜨리게 하는 것이 있다.

여자에게 거는 장난은 엄연히 앞의 것으로, 그 장난을 통해 두 사람이 더욱 친근해지는 것이어야 한다.

P군은 평소 맘에 두고 있던 E에게 '꼭 한번 얘기를 나누고 싶으니 오늘 퇴근 후 차나 한잔하자'는 메모를 써서 옷걸이에 걸려 있는 그녀의 외투 주머니에 넣어두었다.

그러고는 넌지시 그녀를 불러 부탁했다.

"부탁이 있는데요…… 어떤 사람에게 건네주려고 하던 메모를 다른 여자 외투 주머니에 넣어버렸습니다. 미안하지만, 그걸 좀 꺼내다주지 않겠습니까?"

P가 문제의 외투를 가리켜 보이자 E가 놀라며 대꾸했다.

"어머! 저건 제 옷인데요?"

P군이 외쳤다.

"아니, 그렇담 잘못 넣은 게 아니네요!"

사과할 기회를 만드는 장난도 접근하는 데 효과적이다.

식사를 마친 H가 물이 든 컵을 가지고 지나다가 C의 스커트에 엎질렀다.

"아, 미안, 정말 미안해요. 대신 제가 나중에 차 한잔 살게요."

아무 허물없는 것부터 짓궂은 것까지…… 방법은 무한하다. 짓궂으면 짓궂은 만큼 깊은 사과를 할 수 있다.

R은 그녀가 빤히 본다는 사실을 알고 일부러 자기 넥타이를 삐뚜름하게 맸다. 당연히 그녀가 친절하게 지적해주었다.

R이 그녀에게 말했다.

"중역실에 들어가려던 참인데, 큰일날 뻔했네. 덕분에 망신

그녀가 하루종일 나만 바라본다면
어떤 기분이 들까?
이 자리를 사수하고 싶은 내 마음을
그녀가 알아준다면
더 이상 바랄 게 없을 텐데……,

을 면했으니, 제가 한턱내죠."

　J는 그녀와 그렇고 그런 사이였다. 그가 그녀의 책상서랍에 콘돔을 하나 넣어두었다. 오늘밤 어떠냐고 묻는 암호였다.

지퍼를 열어둔다

안마시술소 여자종업원이 서비스를 끝내고 요금을 청구했다.

그러자 손님 왈.

"아니, 내놓을 것 다 내놨는데 이젠 돈까지 내놓으라는 거야?"

어쩌다가 남자의 바지 지퍼가 열려 있는 것을 본 여자가 깜짝
놀란다. 그러나 그런 상황에서 허둥대면 안 된다. 오히려 그런
위기를 기회로 만들어야 한다.

평소에도 곧잘 허둥대는 K가 한번은 플라토닉러브 감정으로
대하고 있던 여자 앞에서 지퍼가 그 지경이 돼 있는 것을 발견
했다.

상황이 상황이라 K는 분명히 허둥대야 마땅했지만, 유머감

각을 갖추고 있던 덕분에 실례 어쩌고 하지 않고 오히려 그녀를 사로잡을 수 있었다.

"당신한테 너무 조심스러워서 몸이 마비돼버린 모양입니다."

그녀는 쓴웃음을 지어 보이고 말았지만, 그날 밤 그에게 모든 것을 맡겼다고 한다.

같은 상황에 처했던 Y는 그녀에게 태연히 말했다.

"이것 좀 잠가줘."

이쯤 되면 당신도 이런 생각을 해볼 것이다.

'그럼 나도 그녀를 만날 때 바지 지퍼를 열어둬?'

좋은 생각이다. 때와 장소를 보아 그녀와의 교제의 깊이를 판단해볼 수 있을 것이다.

여자를 유혹할 때는 '과연 이 말에 따라줄까?' 하는 염려가 앞서는 것이 사실이다.

그러나 그런 모험을 해보지 않고는 언제까지나 치킨러브(병아리 연애)의 영역을 넘어서지 못한다. 어느 정도의 위기는 각오해야 한다. 남자라면 배꼽은 물론 자기 엉덩이라도 까 보일 수 있어야 한다.

노출증은 일반적으로 정신병적인 양상으로 취급되지만, 연인끼리는 친밀감을 높이고 관계를 도탑게 하는 가교 역할을 해주기도 한다.

밀고 들어간다

남자 오늘밤 네 방까지 바래다주지!

여자 ⋯⋯.

남자 고민할 것 없어. 사랑부터 나누고 나중에 상의하면 돼.

남자가 '바래다주지' 하면 여자도 장차 무슨 일이 벌어질지 예상하게 마련이다. 남자가 그런 말을 했을 때 '싫어요'라는 말이 나오면 지금까지 시간을 끌어온 당신이 어리석은 것이다. 그러나 문 앞에서 당신을 돌려보낼 자신이 있는 여자는 '그래요, 고마워요' 한다. '안 돼요' 하는 것도 본심은 '예스'인지도 모른다. 그래서 그 분별법이 문제다.

정면으로 부딪쳤다가 거절당한다면 남자 체면이 말이 아니고, 여자 쪽에서는 은근히 기대하고 있는데 눈치 없이 우물쭈물 한다면 촌스러울 뿐만 아니라 여자에게 모욕을 주는 것이다.

바로 이럴 때 유머가 나침반 구실을 해준다. 유머라면 거절당해도 웃어버릴 수 있고, 실없는 듯 여러 차례 거듭하는 동안 조금씩 방어력을 무너뜨릴 수 있는 것이다.

오늘날의 화두 가운데 단연 으뜸이 '남녀평등'인데, 참 고마운 단어다. 남자가 여자를 호텔로 데려가려 해도 따라오느냐 마느냐는 결국 여자의 자유다. 서로가 책임을 지는 것이다. 유머를 알고, 사물의 양면성을 이해하고 있는 당신은 느긋하게 대처하는 것이 좋다.

여자를 다짜고짜 호텔로 데리고 들어가는 남자도 있지만, 갈 만한 장소와 조명 및 숙박료까지 미리 알아두는 용의주도한 남자도 있다. 객실 안의 여러 장치 따위를 파악해두는 전문가(?)도 있다.

다들 설마 하겠지만, 뜻밖에도 그런 경우가 많다. 당신도 너무 늦지 않게 결정적인 대사(大事)를 준비해둘 필요가 있다.

애정 어린 표정으로 재치 있게

여자 자긴 팬티가 꼭 필요하다고 생각해?

남자 그럼! 불이 났을 때 안 입고 있으면 남에게 실례가 되잖
아?

남자 중에는 콘돔을 착용하는 데 이상하게 쭈뼛거리는 이들
이 많다. 분위기가 무르익어 바야흐로 향연이 벌어지기 직전인
데도, 벽 쪽으로 돌아서거나 마치 도둑질이라도 하는 것처럼 어
려워한다.

만일 여자가 가톨릭 신자라면 그런 행위가 위배된다고 생각
되겠지만, 지금은 이탈리아에서도 그런 금기사항이 없어지고
있다.

상황이 그 지경이 됐는데도 나쁜 짓을 저지르는 것 같은 태도는 오히려 비굴하다. 그런 태도는 두 사람의 애정관계를 스스로 경멸하는 행동이다. 서로간의 애정을 냉각시키는 계기가 될 수도 있다.

'미국의 성전(性典)'이라 불리는 『섹스의 환희』라는 책에는 누워 있는 남자에게 여자가 '애정 어린 표정으로' 콘돔을 씌워주는 삽화가 있다. 그것을 제전의 사전 준비라고 생각하는 여자라면 그런 일에 기쁨을 느낄 것임에 틀림없다.

그렇다면 남자는 여자에게 기꺼이 그런 즐거움을 베풀어야 한다. 그리고 이 작업에는 아무래도 약간의 재치가 필요하다. 단번에 안 되는 경우가 대부분이기 때문에 둘 다 웃음을 터뜨리곤 한다. 그럼으로써 친밀감이 더욱 높아진다. 그러므로 쭈뼛거리거나 우물대는 것은 너무나 멍청한 짓이다.

침실 매너

신랑이 먼저 공격을 하자 신부가 '싫어!' 했다.

신랑이 신부를 달래서 겨우 다시 시작하려고 하자 또 '싫어!' 했다.

신랑이 난처해하며, '대체 어떻게 해달라는 거야?' 하고 묻자 신부가 대답했다.

"나도 내가 먼저 해보고 싶단 말이야……."

침실에서 나누는 애정행위를 '볼일 끝났으면 된 거지, 뭘' 하는 식으로 생각하는 남자는 애정의 극치를 화장실에 가는 정도로 여기는 사람이다.

실내에서의 은밀한 행위를 위한 분위기 조성을 위해서는 커

오늘도 난 파김치 신세다.
그런데도 아직 나의 일과는 끝나지 않았다.
남자의 책무를 다해야만 편안히 잠잘 수 있기에.

튼과 인테리어, 조명, 음악과 음향효과, 향기 등을 신경 써야 한다. 그러나 야외에서는 외적 요소를 경계하고 위생상태와 위험물(돌멩이, 가시, 낙하물 등의 유무)에 대한 배려가 의외로 꼼꼼해야 한다.

침실 매너에서 가장 중요한 것은 행위가 끝난 뒤의 애정표현이다. 후희를 주고받고, 서로를 위로하고, 고요한 희열 속에서 고마움과 장래 희망을 표현하고, 일심동체를 축복하는 등이 그것이다.

후희를 모르는 남자는 여자의 심리를 모른다고 할 수밖에 없다. 여자가 자기와 관계를 가진 남자를 더욱 사랑하게 되는지 아닌지는 그 시간의 길이와 애정표현의 섬세함에 달려 있다.

아무리 피곤해도 애정행위를 끝내고 난 뒤 곧바로 등을 돌리고 곯아떨어지는 행동을 사랑하는 사람에게 해서는 안 된다.

또 한 가지! 남자나 여자 모두 충동이 꿈틀거리면 앞뒤를 가리지 못하게 된다. 아무리 그렇더라도, 그전에 여자는 임신 주기를 먼저 계산해봐야 하고 남자도 피임기구 정도는 준비해두는 것이 매너.

자랑형 유머화술

☻원조교제 방지 표어

모 여고에서 올바른 성(性)에 관한 표어를 공모했는데, 그 중에 엽기
적인 표어 하나가 눈에 띄었다.

'어젯밤엔 즐거웠네 알고 보니 내 딸일세!'

☻대단한 인내력

한 중년 남자가 새 직장에 입사지원서를 내고 인사부장을 만났다.

"어떤 특기나 특별한 능력이 있나요?"

"뭐 내세울 만한 것은 아니지만, 인내력만큼은 자신있습니다."

"호, 그래요?"

"이전 회사에 근무할 때 거래처 사람과 한여름에 밖에서 만나기로 한
적이 있는데, 그가 오지 않아 계속 서 있다가 병이 났지요."

"저런, 일사병이군요."

"아니요. 쏟아지는 함박눈 때문에 감기에 걸렸습니다."

😈정말 싼 물건

N전자 대리점에서 사장이 큰 소리로 사람들을 불러모으고 있었다.

"자, 오세요! 싸게 팝니다! 우리 물건이 얼마나 싼지 도둑도 놀랄 겁니다."

지나가던 부인이 물었다.

"도둑도요?"

"예."

사장이 말했다.

"어제 저희 N전자 용산점에 도둑이 들어 평면TV 한 대를 훔쳐갔지요. 그런데 집에 가서 가격표를 보고는 너무 싸서 실망한 나머지 자살을 했다더군요."

😈보험 판매원

하늘을 날던 비행기가 엔진 고장을 일으켰다.

조종사는 스튜어디스에게 승객들을 모두 자리에 앉히고 비상착륙에 대비하라고 지시했다.

몇 분 후, 조종사는 승객들이 모두 비상착륙할 준비가 됐냐고 물었다.

이에 돌아온 스튜어디스는 이렇게 대답했다.

"아직도 명함을 돌리고 있는 생명보험 판매원 한 분만 빼고는 다 제자리에 앉아 있습니다."

⬤리베르만

독일의 인상파 화가 리베르만은 표현파 그림들을 좋게 보지 않았다. 그러던 어느 날 같은 인상파 화가가 표현파 전람회를 보러 가자고 리베르만을 찾아왔다.

"난 안 갈래."

"아니, 왜?"

"그 너저분한 그림들이 좋아져버리면 큰일이니까."

⬤종교

한 전도사가 기독교를 포교하려고 정글 깊은 오지까지 들어가 그곳 부족 족장을 만나 이렇게 물었다.

"종교에 대해 어떻게 생각하십니까?"

"글쎄, 아무튼 그동안 전도사들은 맛이 좋더군."

⬤선글라스

어떤 안경점에 살 생각도 없는 듯한 남자가 들어와서는 이것저것 계속해서 선글라스를 꼈다 벗었다 하고 있었다.

"쳇, 여긴 다 싸구려뿐이군."

그러자 옆에 서 있던 주인은 이렇게 말했다.

"정말 이상하군요. 가만히 진열돼 있으면 고급품으로 보이는데, 손님께서 쓰시면 싸구려처럼 보이니 말예요."

●볼링

회사의 부서별 볼링대회를 하루 앞두고 직원들이 대화를 하고 있었다.
그 중 한 직원이 으스대며 말했다.

"내가 한때는 300점 만점을 낸 적도 있지."

그러자 그 옆의 다른 동료가 끼어들며 말했다.

"그래도 자넨 옆 레인의 핀까지 쓰러뜨린 적은 없겠지?"

●디자인

모 메이커로부터 신상품 패키지 디자인을 의뢰받은 기획실이 있었다.
부장이 한 사원을 불러서 그 일을 맡기며 부탁했다.

"자네가 저쪽 임원이 앗! 하고 놀랄 만한 작품을 한번 만들어보게."

"그건 아무래도 무리겠는데요?"

"엉? 아까는 자네가 자신있다고 하지 않았나?"

그 사원이 말했다.

"예, 했지요. 하지만 제 작품을 보면 누구라도 분명 아무 말도 할 수
없을 것입니다."

●참을성

참을성 많기로 소문난 사원을 어느 날 동료들이 불러 간지럼을 태웠
다. 그러나 그는 전혀 간지러워하지 않았다. 마침내 모두 항복했고,
동료들 중 한 사람이 말했다.

"자네 정말 참을성이 대단하군. 끝내 웃지 않다니!"

"아니, 아니, 막 웃음이 터지려던 참이었어."

"?"

그가 말했다.

"자네들이 그런 쓸데없는 짓을 대체 언제까지 할 건가 싶어서 말이야."

😀 수학에 강하다

사장이 경리과의 젊은 사원에게 말했다.

"자네가 수학에 그렇게 강하다면서?"

그 사원이 대꾸했다.

"예, 제가 출납장부를 펼치면 숫자들이 슬슬 뒷걸음질쳐 도망가지요."

😀 순결교육

부인 A 댁에서는 남녀공학을 어떻게 생각하시나요?

부인 B 당치도 않아요. 남녀의 예의범절은 엄격해야 돼요! 그래서 우리 애는 남자를 보면 이렇게 묻죠. '엄마 저 생물, 뭐죠?'

😀 희망사항

한 남학생이 자전거를 타고 대학 구내를 지나가고 있었는데, 그 학생의 티셔츠에는 그가 희망하는 장래 직업이 쓰여 있었다.

'나는 의사가 되겠다.'

그리고 그의 자전거 뒤에는 '나는 메르세데스 벤츠가 되겠다'라고 쓴 쪽지가 붙어 있었다.

☻작문

문예창작과 학생들이 수업시간에 종교 · 왕족 · 섹스 · 미스터리의 각 요소를 두루 담은 짤막한 글 한 편을 제출하라는 과제를 받았다. 이에 햇병아리 작가들은 수업시간이 거의 끝날 때까지 끙끙 앓고 있었는데, 한 남학생만 재빨리 해치우고 교실을 빠져나갔다.

그런데 그가 써낸 문장은 이랬다.

'오, 하느님 맙소사! 공주님께서 임신하셨다! 범인은 누구일까?'

☻기획력

연이어 기발한 기획안을 제출하고 있는 사원에게 동료 직원이 부러운 듯이 말했다.

"자네 용케도 계속해서 좋은 기획을 내는군."

그가 말했다.

"계속 내지 않으면 새로운 기획이 머리에 쌓여 머리가 폭발해버릴 것 같아서……."

☻가발

한 직원이 가발 메이커 상담소에서 머리숱이 적은 손님을 맞아 상담하고 있었다.

손님이 물었다.

"이 가발은 바람이 불어도 날아가지 않을까요?"

직원이 말했다.

"걱정 없습니다. 샤워를 해도 문제없으니까요."

"샤워라고요? 아무리 가발을 쓰더라도 머리 감을 때는 가발을 벗어야 하는 거 아닙니까?"

직원이 침착한 어조로 대꾸했다.

"저희 가발은 진짜와 똑같아서 가끔 감아주지 않으면 비듬이 생긴답니다."

😀연비

한 자동차 영업소에서 세일즈맨이 손님에게 차를 권하고 있었다.

"이 차는 연비가 적게 든다면서요?"

세일즈맨이 말했다.

"예, 그렇습니다. 이 차가 판매된 지 반년이 넘었지만 저는 오늘까지 이 차가 주유소에서 급유하고 있는 것을 한 번도 본 적이 없습니다."

😀서비스 만점

한 직장인이 전철역 부근의 라면집 간판에 이끌려 들어가게 되었다. 그 간판에는 '서비스 만점'이라고 되어 있었다.

그런데 라면을 다 먹은 직장인은 그 어떤 서비스도 제공되지 않자 의자에서 일어서며 주인에게 말했다.

"아저씨, 뭐가 서비스 만점이라는 거죠? 서비스는 아무것도 없으면서?"

그러자 주인은 태연한 어조로 이렇게 대꾸하는 것이었다.

"손님, 입구 간판을 잘 보세요. 우리 가게는 원래 서서 먹는 라면집이지요. 그런데 이렇게 의자를 내주고 앉아서 먹게 서비스하지 않습니까?"

●통보

어느 병원에서 의사가 인턴에게 말했다.

"706호실 박아무개 환자는 앞으로 6개월밖에 안 남았어. 가서 말해줘."

그 인턴은 즉시 박아무개 씨를 찾아가 말했다.

"당신은 곧 죽게 될 거예요."

그 말에 환자는 큰 충격을 받아 심장마비로 즉사해버렸다.

의사가 인턴을 불러 혼쭐내며 말했다.

"환자에게 그렇게 단도직입적으로 말하면 안 돼. 주의하게."

그러고는 이렇게 덧붙였다.

"730호실 최아무개 환자도 한 달밖에 안 남았으니, 이번에는 좀 부드럽게 말해봐."

인턴은 즉시 730호 병실을 찾아가서는, 환자의 귀에 대고 조용히 웃으며 말했다.

"최아무개 씨, 다음달 초에 죽을 사람이 누군지 한번 맞혀봐~요?"

●밥집 광고

국도변에 위치한 식당이 선전용 입간판을 설치했다.

1) 400미터 전 : 여러분, 식사시간 됐시유~!

2) 300미터 전 : 우리 집에 밥 해놓을게유~!

3) 200미터 전 : 밥 다 됐시유~ 얼른 와유~!

4) 100미터 전 : 상 다 차렸어유~ 빨리 와유~!

5) 0미터 : 그냥 가시면 어떻게유~ 식은 밥 어찌유~!

🖤큰형님의 스윙

부산의 모 백화점 골프 매장에 조폭들이 단체로 떴다.

종업원이 겁에 질린 표정으로 물었다.

"저기, 뭐…… 찾으시는 거라도……?"

하지만 조폭들은 전혀 신경 쓰지 않고 이것저것 돌아보는데, 그 중 제일 큰형님이 골프채 하나 집어들고 한마디했다.

"아그들아, 내가 한번 휘둘러볼탱께 어떤가 함 바바라~."

그러고는 아주 사뿐히 스윙을 해 보였다.

"아그들아, 으떠냐~?"

"아따 성님은 머만 잡으면 다 연장 같소~!"

🖤엽기 마케팅

백수 남편을 둔 여자가 큰맘먹고 가스보일러를 사러 갔다.

여자는 이곳저곳을 둘러보며 직원과 상담을 했다.

"이 보일러는 온수도 잘 나오고 가스비도 절감되는 신제품입니다."

여자가 별로 탐탁지 않은 표정으로 물었다.

"또 다른 기능은 없나요?"

직원이 말했다.

"조작도 간편하고 방도 뜨끈뜨끈해서 남편이 좋아하실 겁니다."

그러자 그 여자는 이렇게 투덜거렸다.

"휴! 이젠 남편 얼굴만 봐도 지겹다고요."

그러자 점원이 씽긋 웃으며 말했다.

"이 스위치를 켜면 가스가 조금씩 새기도 한답니다!"

●샐러드와 마요네즈

어느 여대 기숙사는 이층침대를 사용하고 있었다.

하루는 위층 침대를 사용하는 여학생이 아래층 친구가 잠든 걸 확인하고 남자친구를 끌어들였다.

"음~ 나의 체리! 나의 복숭아!"

여자도 신음소리를 흘렸다.

"바나나 너무 좋아!"

그때 갑자기 밑에 있던 친구가 소리쳤다.

"야! 너네 밤중에 샐러드 먹는 건 좋은데…… 제발 마요네즈 좀 튀기지 마!"

●제어 시스템

P사의 사장이 자기 회사 빌딩 앞에서 거래처 사장에게 말했다.

"우리 회사 빌딩은 모든 것이 컴퓨터로 제어되고 있지요."

그때 마침 10층 건물의 옥상에서 직원으로 보이는 한 사람이 자살을 기도하고 있었다. 놀란 거래처 사장이 물었다.

"저, 저것도요?"

그러자 P사 사장은 태연하게 대답했다.

"예, 한 달에 한 번 컴퓨터가 불필요한 사원을 찾아내어 저렇게 밖으로 던져버리지요."

여자를 녹이는 화술

남자가 꽃다발을 들고 여자친구의 아파트를 찾아갔다.

여자는 너무나 기뻐서 '어머! 이렇게 예쁜 꽃을……?' 하고는

자기도 모르게 두 팔로 남자를 끌어안았다. 그러자 남자는 그 팔

을 풀고 몸을 돌려 나가려고 했다.

"어머, 기분 상했어요?"

여자가 놀라서 묻자 남자는 이렇게 대답했다.

"아니, 가서 두세 다발 더 사오려고."

"내 원죄는 당신의 아름다움에 대해 자제심을 발휘할 수 없

다는 데서 비롯된 것입니다."

"사랑하고, 아껴주고, 오직 기쁨만 간직할 것! 이것이 당신에

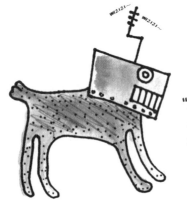

삐리리~ 삐리리~

"그럼 그렇지,
누가 나의 레이더망을
피해갈 수 있겠어!"

발빠른 정보와 폭넓은 지식이 동반되지 않은 유머로
여자의 환심을 사려다가 오히려 된통 당하는 경우가 많다.
급한 마음을 가라앉히고 상대방이 호감을 가질 수 있도록
준비하는 습관을 길러라.

대한 솔직한 내 심정입니다."

유치하긴 해도 이런 화술쯤은 누구나 알고 있다. 그렇다면 이제는 방향을 인생철학 쪽으로 돌려보는 것이 어떨까?

모든 사물에는 표리가 있다. 유머리스트라면 그것을 알고 즐길 수 있어야 한다.

우선 수많은 명언과 격언들을 살짝 바꿔보면 어떨까? 명언이나 격언은 언어의 기교에서 나오는 것이 아니라 경험에서 비롯된 직관력을 누구나 공감할 수 있게 함축시킨 것이다.

사마천의 『사기』에 '기회는 얻기 힘들어도 잃기는 쉽다'라는 말이 나온다. 이 말을 '기회는 많다, 단지 당신이 그걸 내버려두고 있을 뿐이다'로 바꿔보면 내용적으로는 같아도 당신의 순발력은 돋보일 것이다.

재치 있고 유머 넘치는, 고무적인 인용구들이 담긴 자기만의 노트를 만들어라. 우울하거나 기분이 처지는 날에는 그 인용구들을 읽으며 자신을 독려해라.

　　　　　　　　　　　　　　　　　　　　　　－어니 J. 젤린스키

비상금을 챙겨둔다

"직접비와 간접비가 어떻게 다른지를 모르겠어요."

아내의 말에 평소 비상금을 잘 챙겨두는 남편이 대답했다.

"결국은 같은 거야. 둘 다 가정을 위해 필요한 거니까."

빤한 직장 월급에 은밀히 비상금을 마련한다는 것이 그렇게 쉽지만은 않다. 그러나 그 노력은 스릴이 있기에 재밌다.

남자라면 평소 월급의 세 배쯤 되는 비상금 정도는 마련해둬야 한다. 사람마다 월급에 편차가 있겠지만, 액수는 아무래도 상관없다.

'물질의 안정이 없으면 정신의 안정도 없다'는 말이 있다. 정신적 안정이야 어찌됐든 비상금이 없으면 남자라고 할 수 없다.

특히 공처가 경향이 짙은 사람이라면 필수적이다.

비상금은 뜻하지 않게 궁지에 몰린 동료나 친구들을 도와주고 싶을 때 사용할 수 있고, 평소 당신에게 비호감인 사람에게 깜짝 놀랄 만한 일을 벌여 아군으로 만드는 밑천이 될 수도 있다. 또 주위 사람들이 '앗!' 하고 놀랄 정도의 이벤트를 벌여서 돈 몇 푼에 벌벌 떠는 사람들의 간담을 서늘하게 해줄 수도 있다.

수중에 돈이 있으면 평소에도 여유로운 기분을 갖게 된다. 그리고 아내가 몹시 귀찮게 굴 때는 며칠 동안 '증발'해버릴 수 있는 여건도 갖추는 셈이다.

그러나 비상금은 엄연히 말해 '부정한 돈'이다. '부정한 돈은 몸에 붙어 있지 않는다'는 말이 있듯이, 무리해서 보람 있게 쓰려고 하지 않아도 되고, 차라리 '이 돈을 어떻게 써버리지?' 하는 상상만으로도 즐겁다.

성격이 소심하고 고지식한 남자에게는 더욱더 비상금 마련을 권하고 싶다. 집 한 칸 장만하려고 오랫동안 저축하고 인내하는 생활에 매달리는 것은 정신건강에 좋지 않다. 단 한 번뿐인 인생을 위해서라도 가끔씩 일탈을 꿈꿔보는 것이다.

태연히 얻어먹는다

남편 나는 술이 들어가면 일을 할 수가 없어.

아내 그러니까 이제 좀 끊어요!

남편 그래, 일을 집어치워야겠어.

자본주의 세상에서는 누구에게나 돈이 최대 관심사라는 것은 새삼 말할 필요도 없다. 그러므로 그 귀한(?) 돈을 들인 상대에게 강하게 집착하는 것은 남자나 여자나 다를 바 없다.

일본의 한 호스트클럽에서 가장 인기 있는 남자 접대부에게 여자 손님을 묶어두는 비결을 묻자 그는 이렇게 말했다.

"그 손님에게 되도록 많은 돈을 쓰게 만드는 겁니다."

남자와 마찬가지로 여자도 자기가 돈을 들일수록 그 남자를 자기가 좋아하는 사람에게 얻어먹는다면 일단 긍정적인 신호로 받아들여라. 그리고 둘의 관계를 더욱 발전시키려면 호의에 보답하는 자리를 마련하거나, 상대방이 부담스러워하지 않는 선물을 하는 것도 좋은 방법이다.

소유하고 있다는 느낌이 강해진다. 특히 경쟁자가 많은 경우에는 더욱 그렇다.

'여자에게 돈을 쓰게 하다니, 사내답지 못하군' 하는 따위의 생각은 확실히 빗나간 것이다. 남녀평등시대에 남자가 돈을 쓰면 어떻고 여자가 쓰면 어떤가!

하지만 이 점만은 분명히 명심해둬라. 여자는 자기가 좋아하지 않는 남자에겐 절대 돈을 쓰지 않는다는 사실을!

친구에게 빌려준 돈

A 자네한테 부탁이 있는데.

B 뭐야, 우리 사이에 거북스럽게.

A 미안하지만 급하게 50만 원만 빌려주게.

B 고작 그건가? 그 대신 나도 자네한테 부탁할 게 있어.

A 그래? 뭐든지 들어주지, 말해봐!

B 방금 전 자네가 한 말을 취소해주지 않겠나?

친구 사이의 돈거래가 우정을 손상시키는 것은 빌려간 쪽이 갚지 못해 열등감을 느낀 나머지 피하려 하고, 빌려준 쪽은 어떻게든 돌려받으려 하기 때문이다.

어쩌다가 친구에게 돈을 빌려줄 입장이 되었다면 대담해질 필요가 있다. 애초부터 돌려받지 못할 돈으로 반쯤 체념하지 못한다면 좋은 친구도 아니요, 남자답지도 못하다.

그러나 빌려줄 때 유머러스한 말 한마디 정도는 해주는 것이 좋다. 이때도 상대방에게 빈정거림이나 악의가 담겨 있는 말로 들리거나, 빌려주기 싫어하는 기색이 역력한 말로 들리게 되면 돈을 빌려주고도 우정을 잃게 된다.

처음부터 '돌려받지 못해도 좋다'는 각오를 하더라도, '정말 안 돌려줄 셈인가?' 하고 지켜보는 일 또한 흥미롭다.

가끔씩은 '이봐, 그 일은 잘돼가나? 좀더 빌려줄까?' 하고 말해본다. 그 친구가 크게 감동할 것이다. 돈을 좀더 빌려줘야 할지도 모르지만, 우정 어린 친구 사이라면 그런 게 대수겠는가! 이게 바로 세상 사는 유머인 것을!

아내의 욕구 불만

다른 생각이 있어서 한 달에 몇 번씩 아내가 퇴근한 남편에게 술을 권하자 남편이 말했다.

"술 줘. 하지만 오늘은 술뿐이야!"

아침에 창백한 얼굴로 출근하는 남자는 꼴사납다.

옛말에, 정력을 너무 많이 소모하고 멍해 있는 상태를 신허(腎虛)라고 했다. 정자를 신장에서 만드는데 그 물이 말라버려 빈 껍데기가 된 상태를 뜻하는 말이다. 이것은 아내를 부끄럽게 만드는 병이다.

"저 녀석 마누라는 그걸 너무 밝히는 모양이지?"

주위 사람들로부터 이런 말을 듣게 하는 것은 남자의 잘못이

"으이그~ 내가 못살아, 이 인간 때문에!!"

아내가 원하는 것을 한꺼번에 채워주지 마라.
얼마 지나지 않아 더욱 강렬하고 많은 것을 요구할 것이다.
따라서 시간을 두고 조금씩
불만을 잠재워가는 것이 현명한 방법이다.

다. 가끔씩 아내를 외롭게 할 필요가 있는 것이다.

어떤 남자는 자기 아내에게 매일 밤 꼭 키스를 해줬다. 그러나 그것뿐이었다. 그 얘기를 들은 친구가 '왜?' 하고 묻자 그가 말했다.

"뱀을 설 죽여놓으려고."

"왜 그런 짓을 부인한테 하는데?"

"약간의 희열만 느끼게 해주려고."

"?"

"애정이 언제까지나 지속될 수 있거든."

이 남자의 태도가 바람직한지 어떤지는 알 수 없다. 하지만 부부생활의 지속에 크게 신경 쓰고 있다는 것과, 남편에 대한 기대감을 지속적으로 갖게 하려는 애정 어린 마음이 있다는 것은 확실해 보인다.

아내를 어느 정도 욕구 불만 상태에 두는 것도 남자의 지혜요, 애정의 증거다. 물론 그런 일이 조금 고달프긴 하지만 참고 즐기는 것, 그것이 바로 유머다.

빚 떼어먹기?

어떤 사람이 빌려간 돈을 갚지 않고 차일피일 미루자, 지친 채권
자가 말했다.

A 이렇게 합시다. 반은 내가 탕감해주겠소. 그러니……

B 그거 고맙군. 나머지 반은 내가 잊어버리겠소!

돈을 빌리지 못하는 남자는 남자가 아니다.

A. 알랭이 말했다.

"우리의 삶에서 괴로운 일 가운데 하나가 남의 빚이다. 그러
나 빚이 없는 사람은 거의 없다. 빚이 전혀 없는 사람보다는 조
금 있는 편이 낫다. 빚 걱정이 없는 사람은 매일 소화불량을 걱
정하지 않으면 오늘은 무엇으로 소일할까 하고 걱정거리를 만

들고 있다. 걱정 없는 인생을 바라지 말고 걱정에 물들지 않는 연습을 하라."

당신은 왜 큰 인물이 되지 못하는가? 아이러니컬하게도 남에게 큰 빚을 지지 못해서가 아닐까?

본래는 다급한 경우가 아니면 빚을 져서는 안 되지만, 사실 꼭 그렇게 되지만은 않는다.

그러나 돈을 빌릴 때도 서로의 우정을 잊어서는 안 된다. 돈보다 우정이 중요하다는 점을 명심해야 한다.

여기서 참고로, 모 금융회사 중역이 밝힌 '이런 사람에겐 돈을 빌려주지 않는다'의 내용 중 몇 가지를 살펴보자.

유행형

- 유행어를 남발하는 사람
- 머리카락을 물들이고 다니는 사람
- 너무 미남인 사람
- 안경이 눈에 거슬려 보이는 사람

맹렬형

- 남자, 의리, 인정, 절대, 신용 등의 말을 연발하는 사람
- 말솜씨가 지나치게 좋은 사람
- 억지를 쓰는 사람

- 너무 고자세인 사람

- 일류회사 직원임을 내세우는 사람

- 돈 만 원을 우습게 보는 사람

분열형

- 눈초리가 나쁘고 눈의 초점이 맞지 않는 사람

- 침착하지 못하고 안절부절못하는 사람

- 머리카락이 부스스하거나 복장이 언밸런스한 사람

- 친구가 없는 사람

- 대화 내용이 뒤죽박죽인 사람

- 말이 또렷하지 못하고 행동이 거북해 보이는 사람

- 직장을 자주 옮기는 사람

- 자동차 운전면허증에 사고가 많은 사람

물건값을 깎아보자

어떤 남자가 아내를 병으로 잃고 위패를 사러 갔다.

남자 좀 깎아주게.

장의사 깎아드릴 수 없습니다. 대신 아동용으로 작은 위패를 덤
으로 드리지요.

남자 그거 고맙군. 그런데 그 아동용 위패라는 것은 대체 얼마
짜린가?

장의사 5,000원입니다만.

남자 그럼 내가 그걸 자네한테 3,000원에 팔지.

물건을 살 때 값을 깎는다는 것은 남자한테 썩 마음 내키지
않는 일이다. 더욱이 물건을 파는 사람이 여자인 경우 남자는

불필요한 호기를 부리고 싶어진다. 또 마음이 있는 여자와 동행했을 때는 더욱 그렇다.

그러나 여자라고 해서 겉치레만 좋아하지는 않는다. 한 번쯤은 물건값을 깎을 줄 아는 남자를 믿음직하게 여기는 여자도 많다.

친구 K와 백화점에 갔을 때의 일이다. 안을 한바퀴 돌아보는데, 이 친구가 남성용 고급 스웨터 매장에서 정찰제 물건을 깎자고 덤비는 것이었다.

'백화점에서 무슨 수로……?' 하고 생각하고 있는데, 깜짝 놀랄 만한 일이 벌어졌다. 그 매장 점원이 깎아주었던 것이다. 백화점 직속 점원이 아니라 출장 나온 점원이라서 자기 재량에 따라 약간은 깎아줄 권한이 있다는 것이었다.

설사 못 깎더라도 밑져야 본전 아닌가. 마음의 여유, 즉 유머가 있으면 한번 깎아보는 것도 인생의 지혜이고 유쾌한 시도이다.

아버지의 권위

아버지가 엄한 표정으로 중학생 아들에게 말했다.

"아빠 학창 시절의 성적은 좋았느냐고? 물론 아니다. 벽장 속의 내 성적표는 지금의 네 성적표와 비교해서 썩 낮다고 할 수 없다. 하지만 난 뭐든 공평하고 싶다. 그래서 이 정도의 성적을 받고 돌아왔을 때 내 아버지가 나한테 했던 일을 너한테 하겠다는 거다. 종아리를 내밀래, 아니면 네가 내 종아리를 때리겠니?"

누구는 현대를 부권 몰락의 시대라고 주장한다. 인터넷을 비롯한 매스미디어의 발달로 아이들이 얻는 정보의 양이 아버지보다 훨씬 많고 다양해서 구세대인 부모들이 열등감을 갖는 것은 당연하다. 또 아이들의 덩치가 커져서 맞짱을 떠봐야 이긴다는 보장도 없다.

게다가 묘한 자유주의에 물들어서 '인권'이니 뭐니 해대는 통에, 아버지가 자식의 종아리를 치는 일도 멋쩍어졌다. 실제로 그런 녀석들이 술·담배를 일삼는 것은 물론 저희끼리 어울려 이성간의 관계를 갖기도 하고, 겨우 코밑이 거뭇거뭇해진 녀석들이 입만 열면 '우리 집 꼰대는……' 하며 어른들을 퇴물 취급한다.

하지만 어쩌랴! 이런 형상들도 부모가 자식들을 너무 오냐오냐하면서 키운 결과이므로, 뿌린 씨앗의 열매를 거두는 일도 엄연히 부모들 몫이 아닌가!

요즘처럼 부모 노릇하기 힘든 시대도 없다. 재정 면에서나 지식 면에서나, 신념의 강도나 인격의 수양 등에서 자식을 납득시킬 정도가 못 되면 아버지의 권위를 내세우기 힘들다. 어쩌면 늘그막까지 아이들의 눈치를 보며 살아야 할지도 모른다.

그런데 아이가 부모한테 승복하도록 만들려면 그 무엇보다도 부모의 사고방식이 중요하다. 한 가지 생각에 얽매이지 말고 낡은 생각과 신념을 바꾸는 용기가 있어야 한다.

아버지의 유머는 종종 아이들에게 부모를 존경하게 만드는 계기가 된다. 남자아이는 정신적인 면에서 아버지를 자기 인생의 모델로 삼는다. 어느 날 우연히 알게 되는, '우리 아빠한테도 유머가 있구나!' 하는 점이 아이에게는 커다란 기쁨을 안겨준다. 또 아이는 자기에 대한 간섭이 중지되면 그 보상심리로 같은 '자유인'으로서의 아버지에 대해 경의를 표하게 된다.

『정글북』으로 유명한 영국의 작가 키플링과 관련해 이런 일화가 전해온다.

선장인 아버지가 키플링을 데리고 항해에 나섰을 때다. 선원 하나가 선장실로 뛰어들어와 외쳤다.

"도련님이 돛에 매달려 있습니다. 금방이라도 손을 놓쳐버리고 바다에 빠질 것 같습니다!"

그러나 아들을 잘 아는 아버지는 담요를 머리 위까지 뒤집어쓰며 말했다.

"괜찮아, 그 녀석은 절대로 손을 놓지 않을 테니까."

음담패설을 활용한다

모 나이트클럽에서 손님들을 상대로, 가장 야한 물고기 이름을
대는 사람에게 그날 술값을 받지 않겠다고 제안했다.

이에 흥분한 손님들이 너도나도 손을 들었다.

먼저 첫 번째 남자가 '빨漁' 했고, 이어 다른 사람이 '박漁' 했다.

그러자 이에 뒤질세라 또 한 사람이 '핥漁' 하고 말했다.

사람들이 저마다 감탄하며 웅성거리고 있는데, 한 여자가 번쩍
손을 들었다.

그러고는 들릴 듯 말 듯 뭐라고 한마디를 했는데, 그뒤로 더 이
상 입을 여는 남자가 없었다. 과연 그녀는 뭐라고 했을까?

"오늘 나 먹漁."

남자든 여자든, 끼리끼리 모여서 이야기할 때면 **음담패설이 빠** 지지 않고 등장한다. 이런 자리에서는 일종의 동지의식이 작용 하기 때문에 **서먹하게 지내던 사람과의 관계도** 쉽게 돌려놓을 수 있다. 물론 특정인을 끌어들이는 음담패 설을 해서는 안 된다.

영웅은 색을 좋아한다고 하지만, 사실 색을 좋아하는 건 영웅 뿐 아니라 모든 남자들이 다 그럴 것이다.

남자끼리 있을 때 음담패설 한두 마디 할 줄 모른다면 남자라 고 할 수 없다. 이것은 부장이나 사장 앞에서도 마찬가지다. 그 런데 평소에도 어려운 상사 앞에서는 음담패설을 할 기회가 거 의 없는데다 갑자기 너무 야한 이야기를 꺼내면 상대방의 권위 를 깎아내리는 것으로 비친다. 그래서 그런 이야기로 시선을 끌 수 있는 기회가 많지 않다. 분위기가 흐트러지는 회식 자리 정 도가 고작일 것이다.

그런데 다른 어떤 곳보다 가장 적당한 장소가 바로 화장실이 다. 소변기 앞에 나란히 서서 일을 볼 때야말로 가장 절묘한 타 이밍이다. 이때는 동료나 제삼자 없이 단둘이 있게 된다.

이런 '둘만의 자리'에서 친근감이 우러나고 동료의식 같은 것 이 생겨난다. 이때 여자 이야기까지 더해지면 친근감이 한층 더 배가되게 마련이다.

상사가 아닌 다른 사람들과의 관계도 마찬가지다. 평소에 대

하기 힘들고 서먹서먹하게 지내던 사람과도 이런 기회를 만들
어 둘만의 음담패설을 나누면 서로간의 거리감이 해소된다.

　단, 이야기가 처음부터 너무 천박하게 흘러가서는 안 된다.
서두르지 말고 분위기가 무르익을 때까지 기다려야 한다.

농담을 주고받는 데도 기술이 필요하다. 잘못해서 어려움을 자초해 웃음거리
가 되거나 다른 사람을 화나게 하지 않으려면 각별히 주의해야 한다. 그렇게
해서 다른 사람에게 생기를 줘야지 당혹하게 해서는 안 된다. 신사처럼 농담을
받아들일 줄도 알아야 한다. 아무런 불평 없이 웃음으로 농담을 받아들인다면
당신은 더욱더 좋은 사람이 될 것이다.
명심할 것은, 어리석고 가벼운 농담을 감당할 수 있는지를 알고 그 기술과 감
각을 갖추기 전에는 심한 농담을 하지 않는 것이 좋다.　　　－발타자르 그라시안

다른 여자의 전화

어느 집에 여자 전화가 걸려왔다. 화가 난 부인이 남편에게 소리
쳤다.

"여보, 김○○란 여자가 당신 바꾸래요!"

이에 남편이 머리를 긁적이며 대꾸했다.

"지금 집에 없다고 해. 책상 위의 메모를 보니 '친구 박○○ 집
에 있다'고 적혀 있네요, 하라고!"

남편한테 걸려온 여자 전화를 아내가 먼저 받았다.

아내가 새침해져서 물었다.

"어머! 누구 전화예요?"

아내의 물음에 남편이 태연히 대꾸했다.

당황하거나 깜짝 놀라는 표정을 짓는 순간, 당신은 위험해진다. 대수롭지 않게, 마치 회사에서 업무 관련 전화를 받는 것처럼 태연하게 말하고 행동하라. 그리고 의심의 싹을 자르는 결정타를 날리는 센스로 마무리하라.

😊 😊 😮

"아, 그 사람! 내 팬 가운데 한 명이지. 당신, 나처럼 인기 있는 남자 만난 것을 운이 좋다고 생각하라고!"

또 당차게 역공을 펼치거나 그럴듯한 변명을 만듦으로써 의심의 싹을 잘라버릴 수도 있다.

"당신, 아직 애정이 남아 있으면 질투라도 좀 해보라고. 적어도 이럴 땐 그래줘야 하는 거 아니야?"

"뭐? ○○가 쓰러졌어요? 예, 알겠습니다. 곧 달려가도록 하죠!"

질투를 애정으로

미국 개척시대 때의 일이다.

당시에는 물가도 비싸고 옷도 모자랐다.

어느 날 남편이 집에 돌아와 아내의 속옷을 보고 기겁을 했다.

검소한 마누라가 밀가루 포대를 뜯어 속옷을 만들어 입었던 것이다.

그리고 그 속옷에는 다음과 같은 밀가루 광고문구가 선명하게 인쇄되어 있었다.

'결이 곱고 새하얀 최고급품.'

예로부터 '질투는 사랑의 생명'이라고 했다. 질투하는 것은 애정이 있다는 증거다. 또 '질투하지 않는 여자는 활기가 없다'

질투는 애정의 또 다른 표현이다.
여자의 질투를 역이용하는 방법을 익히면
이전보다 탄탄한 애정전선을 구축할 수 있다.

고도 했다.

그러나 부지불식간에 그것이 습관이 되어 '재 뿌리러 갈 때가 질투가 끝날 때'처럼 당신이 죽고 나서야 비로소 질투를 멈출 정도가 되어서는 곤란하다.

요컨대 까맣게 그을리도록 굽는 것이 아니라 노릇노릇한 여우 빛깔쯤 되게 굽는 것이다. 여자가 천성적으로 질투심이 많다고 해서 상처를 입혀도 된다고 생각하는 것은 남자의 도리가 아니다. 질투의 당사자는 뱀이 된다는 말도 있으니 조심해야 한다.

아내가 질투를 하는 데는 당신에게도 원인이 있겠지만, 그에 대한 변명을 하거나 간신히 설득해서 원상태로 되돌리는 데만 급급해선 안 된다. 아내의 애정을 더욱 깊게 만들고, 질투하는 방법도 세련되게 만드는 것이 중요하다. 프랑스의 작가 라 로슈푸코의 말처럼 '질투할 만한 이유가 있을 때는 결코 질투를 해서는 안 된다'는 인생의 지혜를 아내에게 깨닫게 하는 것이다.

아내를 유머를 아는 인간으로 만든다는 것은 당신 자신이 먼저 유머리스트가 된다는 뜻이다. 그러면 두 사람은 틀림없이 더욱 굳게 결속될 것이다.

명심하라!

여자의 악의와 질투는 때로 남자를 성 불구자로 만든다. 그리고 부정에 대한 죄책감 역시 당신을 성 불구로 만든다.

이혼이라는 것

어떤 부부가 크게 싸워 서로 갈라서기 직전까지 갔다.

울분을 삭이지 못한 아내가 눈물자국이라도 지우려고 화장을

고치고 나서 현관문을 나서려고 했다. 그런데 화장을 고친 아내

가 그리 밉지 않았던 남편은 이렇게 소리쳤다.

"이봐, 인연을 끊자는 여자가 현관으로 나가는 법이 어디 있어!"

그 말에 아내가 못 이기는 척 뒷문으로 나가려고 하자 '왜 또 도

둑처럼 뒷문으로 나가는 거야!' 했다.

"그럼 뭐예요? 나더러 창문이라도 넘으라는 거예요?"

그러자 남편이 외면하며 말했다.

"나갈 데가 마땅치 않으면 안 나가면 되잖아!"

이혼은 가정의 혁명이다. 그것은 마르크스가 사회혁명에 대해서 말한 것처럼 '서서히' 혹은 '홀연히 다가오는 것'이다.

회자정리(會者定離)라고 했던가? 이혼이 금지된 독재사회도 아니고, 수많은 결혼 가운데 이혼이 전혀 없을 수는 없다. 현대에 와서 급증하는 게 이혼이요, 이혼은 '매일 밤, 부부 침상에 있고 그들 사이에서 자며 자라고 있다'고 말할 수 있는 것이다.

그런데 불과 한 세대 전까지만 해도 남자에겐 합법적(?)으로 아내와 이혼할 수 있는 '칠거지악(七去之惡)'이란 것이 있었다. 칠거란 자식이 없고, 음란하며, 시부모에 대한 공양이 시원치 않으며, 구설 · 절도 · 투기 · 병이 있으면 내쫓을 수 있다는 것이니, 실로 남자의 독선이 아닐 수 없었다.

현대에 와서야 비로소 남자의 부정, 성격 차이 등의 이유로 여자가 이혼 신청을 하는 경우가 빈번해졌다.

TV 상담코너에, 부인을 정신병자로 취급하면서 합의이혼서를 위조한 사건이 보도되었다. 그것은 사문서 위조로 5년 이하의 형에 해당되고, 위자료 청구 대상이 된다.

이혼은 배우자를 버리는 것이 아니다. 불완전하게나마 합의가 필요하다. 그래서 부부 사이에 어떤 일이 벌어질지 미리 각오해둘 필요가 있다. 그리고 그것을 당신 자신도 명심하고 부인에게도 '독립인'으로의 자각을 일깨워줘야 한다.

이혼은 결혼을 가볍게 생각한 벌이다.

정력 콤플렉스

A 자네, 이앓이를 하느라고 혼났겠군. 근데, 오늘은 개운한 얼굴을 하고 있군. 그래, 어느 의사한테 보였나?

B 아니! 집에 들어가서 아내와 키스를 했더니 말끔하게 낫던 걸! 이봐, 자네 지금 어디 가나?

A 자네 와이프, 지금 집에 있지?

남자를 의기소침하게 하고, 정력을 감퇴시키는 원인은 정말 다양하다. 여자의 질투, 애정 결핍, 공처가 기질, 침실에서 나누는 돈 얘기, 자녀 교육, 이웃집 얘기…….

그런데 남성 자신이 갖는 정액 소모에 대한 공포심, 성적 기교에 대한 자신감 부족과 열등감 등이 원인이 되기도 한다.

여기서 잠깐, 정액소모공포증에 대해 언급해보자.

정액은 보통 한 번에 3.5~7그램을 방출하는데, 그 성분은 양질의 단백질이다. 따라서 정액은 단백질 식품인 계란, 쇠고기 등의 섭취로 보충 가능하고, 원활한 흡수를 위해서는 당근, 부추 등이 유용하다. 그밖에 인삼을 비롯한 한약과 현대 의학의 도움을 받을 수도 있지만, 실상은 전체적인 체력과 영양상태가 가장 중요하다.

또 횟수에 대해서도 동서고금을 통해 무수히 언급되었으나 어느 것이든 확실한 근거는 없어 보인다.

휴식과 영양 보충만 적당하다면, 인간의 정액 제조 능력도 근육이나 뇌세포처럼 사용함에 따라 증진된다.

그리고 거기에 덧붙여 유머가 필요하다. 자기 몸은 자기 자신이 누구보다 잘 알고 있다. 자기도 무리하지 않고 상대방에게도 강요하지 않는 마음의 여유를 갖는 것이 유머다.

편안하고 여유 있는 마음자세를 갖는다면
당신이 밤을 두려워할 까닭은 없다.

친구 부인도?

한 남자가 귀가해보니 친구가 침대에서 자기 부인을 안고 있었다.

친구가 계면쩍어하면서 말했다.

"이봐, 이렇게 하는 게 어떨까? 포커를 해서 자네가 지면 부인
과 이혼해주게. 내가 지면 다시는 자네 부인을 만나지 않겠네."

남편이 대답했다.

"좋아. 그런데 게임을 더 재미있게 하려면 따로 10만 원씩 더 거
는 건 어떨까?"

이것은 매우 스릴 있고, 그만큼 고도의 유머를 필요로 한다.

그러나 이것만은 분명히 명심해둬라.

친구 아내를 '훔쳐서'는 안 된다. 이것은 선배나 가까운 이웃

의 아내도 마찬가지다.

자칫하다간 예상치 못한 결과로 친구를 배반하는 경우가 생길지도 모른다. 여기서 말하는 것은 단지 '모션을 건다'일 뿐이다. 만약 정말로 친구 아내를 눈독들이면 남의 여자와 간통하는 것이 된다.

친구와 그 아내는 다른 부부들과 마찬가지로 의무적인 남편과 아내의 역할을 담당하고 있어서, 섹스나 애정적으로 '남자'도 '여자'도 아닌 경우가 적지 않다. 따라서 유머를 아는 당신의 '호의적인 암시'가 친구 아내를 '여자'로 돌려놓는 계기가 될 수 있다.

당신이 믿고 의지하는 친구의 장점을 그의 아내 앞에서 아낌없이 칭찬하여 그녀로 하여금 '나는 그런 남자의 아내다'라는 느낌을 갖게 해주면, 친구는 자기를 그렇게 평가해준 당신에게 진심으로 감사하게 될 것이다. 모션은 거기서 스톱!

그리고 두 사람 앞에서 이런 농담을 해준다면 섹시한 분위기를 만들 수도 있다.

"어이, 친구! 나를 조심하라고."

설득형 유머화술

☻ 기억

"여보게, 자네 기억하나? 작년에 내가 돈이 떨어졌을 때 자네가 도와 줘서 내가 자네를 절대로 안 잊을 거라고 했지?"

"그랬지."

"돈이 또 떨어졌네."

☻ 법정모욕죄

작은 마을에서 법정 배심원 자격심사를 받고 있던 할머니가 판사로 부터 피고측 변호사를 알고 있느냐는 질문을 받았다.

"예, 그 사람은 사기꾼이에요."

"그럼 원고의 변호사를 아십니까?"

"예, 그 사람도 사기꾼이죠."

판사는 즉시 자신의 자리로 두 변호사를 불러 귓속말로 이렇게 말했다.
"당신네들이 만약 저 할머니더러 날 아느냐고 물으면 법정모욕죄로 벌금을 물리겠소."

☻이유

모 레스토랑 지배인이 개점 전에 홀 종업원들을 한자리에 모아놓고 말했다.
"오늘은 가능한 한 손님들에게 최고의 친절을 베풀어주시기 바랍니다."
"특별한 손님이라도 오십니까?"
종업원들 중 한 명이 묻자 지배인은 이렇게 대답했다.
"아니, 오늘은 유난히 고기가 질기기 때문이지요."

☻출근카드

지각을 밥먹듯 해서 위로부터 단단히 찍혀버린 세 명의 신입사원이 있었다.
어느 날 이 세 사람은 모종의 담합을 했다. 정시에 출근하는 사람이 다른 두 명의 출근카드를 대신 찍어주기로 한 것이다. 그들의 계획은 성공해서 어느 정도의 효과를 발휘했다.
그날도 정시 안에 겨우 출근한 한 명이 두 친구의 카드를 먼저 찍어주고, 마지막으로 자기 카드를 찍으려고 했다. 그런데 그때 뒤에서 보고 있던 부장이 말을 걸었다.
"기계를 그렇게 못 믿겠으면 내 카드도 한번 찍어보겠나?"

☻전산화

사장이 평소에 문제가 많은 직원을 불러 말했다.

"우리 회사도 곧 전산화를 도입하려고 하는데, 자네가 드디어 힘을 발휘할 수 있을 거야."

"그렇습니까? 그럼 전 뭘 해야 하나요?"

사장이 말했다.

"물론 자네가 할 수 있는 일이네. 전산화를 하는 대신 자네가 다른 일 자릴 찾는 거지."

☻영업부

입만 살았지 일처리를 제대로 못하는 J. 결국 사장이 그를 불러 부서 이동을 통고했다.

"자네 내달부터 영업부로 가주게."

"아니, 어떻게 이럴 수가!"

J가 단호한 어조로 말했다.

"입사할 때 전 분명히 말씀드렸습니다. 영업말고 어떤 일이든 열심히 하겠다고."

사장이 말했다.

"하지만 자네의 그 말솜씨로는 영업이 제격이야."

☻보너스

A는 보너스 지급액에 불만이 많았다. 그래서 즉시 부장을 찾아가 말했다.

"저랑 똑같이 입사한 M은 100만 원인데, 전 왜 50만 원밖에 안 되죠? 아무리 생각해도 이해할 수 없습니다."

그러자 부장은 이렇게 되받았다.

"음, 정말 이상하군. 20만 원을 떼어 반납하도록 하게."

☻월급 사용 내역

H가 동료 사원을 불러 부탁했다.

"자네가 좀 도와주게. 아까부터 아무리 계산해봐도 도통 답이 안 나와서……."

"무슨 계산인데?"

"응, 내 월급 사용 내역인데 주거비 40퍼센트, 식비 30퍼센트, 보험과 공과금 30퍼센트, 그리고 용돈으로 20퍼센트……."

"이봐, 그렇게 되면 100퍼센트가 넘어버리잖아."

H가 말했다.

"그래, 그래서 자네한테 도움을 청하는 것 아닌가!"

☻수염

젊은 직원 한 명이 콧수염을 기르기 시작한 지 1주일이 지났다.

그는 코밑이 거무죽죽해지자 그게 마음에 드는지 근무시간에도 수시로 인중을 어루만지며 흐뭇해했다.

그날도 전화 벨소리도 듣지 못한 채 콧수염만 만지고 있는 그에게 상사가 한마디했다.

"걱정 그만하고 전화나 받지 그래? 자네 수염을 훔쳐갈 사람은 아무도 없을 테니까 말이야."

☻복사기

S복사기 영업사원이 한 회사를 방문해 제품 리스를 권했다.

"고성능에 원색 그대로 복사되는 신제품입니다."

"정말 그 정도입니까?"

"정말입니다."

영업사원이 말했다.

"그래서 저희 회사 사원들은 리스 대금을 수금할 때, 지폐의 앞뒤를 유심히 살피라는 주의를 받고 있지요."

☻돈 빌리기

K가 직장 동료에게 돈을 빌려달라고 했다.

"조금이라도 좋으니 어떻게 좀 안 되겠나? 만일 자네가 거절하면…… 그런 일은 하고 싶지 않지만 어쩔 수가 없다고."

"알았네. 어떻게든 해볼 테니까 어리석은 짓은 하지 말게."

K가 중얼거렸다.

"잔업을 하려고 했는데……."

☻잔업

A는 근무시간마다 졸기 바쁘면서 아무리 일이 많아도 잔업은 하지 않았다.

그날도 여느 때처럼 A가 칼퇴근을 하려고 하자 상사가 말했다.

"이보게, 자네도 내일부터 잔업을 해주지 않겠나?"

"잔업이라고요?"

"어, 그렇다고 많은 것을 원하진 않네. 자네가 낮에 조는 시간만큼만 해주면 되네."

☠회의실 앞에서

두 여직원이 하필이면 월요회의 중인 회의실 앞에서 수다를 떨고 있었다.

그런데 그녀들의 말소리가 회의실 안까지 들린 모양이었다. 갑자기 문이 벌컥 열리면서 회의를 주관하고 있던 임원이 고개를 내밀고 말했다.

"회의가 방금 막 시작되어 지금은 단 한 사람도 졸지 않으니까, 30분 정도만 있다가 부탁해도 되겠어?"

☠스토브

한 난방용품 가게에 까다로운 부인이 찾아와 이런저런 스토브를 살펴보고 있었다.

드디어 부인이 점원에게 물었다.

"가스, 석유, 전기 중에 어느 것이 가장 안전할까요?"

"손님께선 어느 것이 가장 위험하다고 생각하시죠?"

"그야 석유 스토브가 가장 위험하겠지요."

점원이 말했다.

"그렇다면 석유 스토브를 구입하는 것이 가장 안전합니다."

✿싸우려거든

어느 가게의 점원 둘이 사소한 일로 말다툼을 벌였다.

이에 주인이 두 사람을 가게 밖으로 밀쳐내며 소리쳤다.

"싸우려거든 눈에 안 보이게 나가서 하도록 해! 그리고 기왕이면 창고에 있는 동물 탈을 쓰고 하도록!"

✿업무 마감

업무가 아무리 밀려 있어도 업무 종료 벨이 울리면 일손을 놓고 칼퇴근을 해버리는 직원이 있었다.

하루는 업무 종료 한 시간을 앞두고, 외출 중이던 상사로부터 그 직원에게 전화가 걸려왔다.

"미안하지만, 내 책상 위에 있는 서류를 챙겨 가지고 급히 이쪽으로 와줘야겠네."

그로부터 한 시간 후, 직원은 서류를 챙겨들고 교통편이 불편한 교외의 어느 카페에 도착했다. 하지만 상사의 모습은 보이지 않고, 대신 카페 주인이 상사가 남긴 쪽지 한 장을 건네주었다. 거기에는 이렇게 쓰여 있었다.

'먼 길 오느라 수고 많았네만, 업무 마감시간이 되어 먼저 돌아가네. 서류는 내일 아침에 회사로 가져오도록!'

✿좌천

지방의 지사로 전근을 통고받은 사원이 자신의 처지를 한탄하고 있었다.

"심하군. 이건 좌천이나 마찬가지야."

이에 동료가 그를 위로하며 말했다.

"무슨 소리. 이번에 갔다가 돌아오면 과장으로 승진할 수 있을 거야."

"정말 그럴까?"

"응, 그때 우리는 모두 부장이 되어 있겠지만……."

☻차와 기름값

자동차 세일즈맨이 매장을 찾아온 손님에게 차를 팔려고 하고 있었다.

손님이 내키지 않는 듯 세일즈맨에게 말했다.

"값이 치솟아서 앞으로는 기름 사기가 점점 힘들어질 텐데."

그러자 세일즈맨이 재빨리 말을 받았다.

"말씀하신 대로입니다. 앞으로는 경유나 가솔린을 지금처럼 간단히 손에 넣을 수 없을 것입니다. 누구나 멀리 기름을 사러 가야겠지요. 손님, 그럴 때 차가 있으면 얼마나 편리하겠습니까?"

☻진급 누락

회사에 인사이동이 있었는데 A의 입사동기들이 대거 진급했다.

평소 툭하면 자리를 비우던 A가 자신만 제외되었다는 사실을 알고 상사를 찾아가 울먹였다.

"부장님, 너무한 것 아닙니까? 부끄러워서 사내를 돌아다닐 수도 없다고요."

상사가 말을 받았다.

"음, 그것 참 잘됐군. 이제부터라도 자리에 좀 붙어 있게."

☻왼손으로

어느 영업사원이 거래처 손님을 접대하면서, 접대비를 부풀려 청구하려고 그 가게의 빈 영수증을 얻어 왼손으로 기입했다. 그리고 이튿날 상사에게 접대비를 청구했다.

그러자 부정을 알아차린 상사가 옆에 있던 결재서류를 내밀며 이렇게 말했다.

"이거 어제 자네가 작성한 M물산 견적서 맞지?"

"예, 그런데요?"

"이거 청구 액수가 너무 적지 않은가? 이걸 자네의 왼손으로 다시 한 번 작성해주지 않겠나?"

☻단독 부임

E가 3년간의 외지 부임을 마치고 돌아왔다.

그런데 집에 들어서니 아내가 다른 남자와 침대에 있었다.

적잖이 실망한 E는 이튿날 상사에게 상담을 청해 사실을 털어놓았다.

"제가 장차 어떡하면 좋을까요?"

상사가 말했다.

"걱정 말게. 곧 어디론가 단독 부임할 수 있도록 해보지."

☻주문

한 남자가 최근 들어 엄청난 스트레스로 잠자리가 어려워 고민이 많았다.

남자는 마인드 컨트롤을 하기 위해 부인과의 잠자리에 들어가면서 중얼거렸다.

"하면 된다! 하면 된다! 하면 된다……!"

그렇게 자신에게 세뇌를 하면서 대시하려는 순간, 부인도 중얼거렸다.

"되면 한다! 되면 한다! 되면 한다……!"

☻부인의 힘

부인 당신은 왜 항상 내 사진을 지갑에 넣고 다녀요?

남편 아무리 골치 아픈 문제라도 당신 사진을 보면 씻은 듯이 잊게 되거든.

부인 당신에게 내가 그렇게 신비하고 강력한 존재였어요?

남편 그럼. 당신 사진을 볼 때마다 나 자신에게 이렇게 얘기하거든. '이것보다 더 큰 문제가 어디 있을까?'

☻세 번째 사람

유치원 선생님이 원아들에게 말했다.

"자, 선생님이 오늘은 첫 번째 남자와 여자가 어떻게 만들어졌는지 얘기해주겠어요."

그러자 아이들이 보인 반응이 걸작이었다.

"선생님, 그 얘긴 많이 들어서 잘 알고 있어요. 우리가 알고 싶은 건 세 번째 사람이 어떻게 태어났느냐는 거예요."

🎭노코멘트

한 기자가 100세가 넘은 노인을 찾아가 질문했다.

"어르신께서는 그렇게 장수하시는 비결이 어디 있다고 생각하십니까?"

"아직 밝힐 수 없네."

노인이 대답했다.

"난 이 문제를 놓고 지금 침대 제조회사 하나와 조반용 시리얼 제조회사 둘을 상대로 광고 협상을 벌이고 있거든."